Wind und Wetter

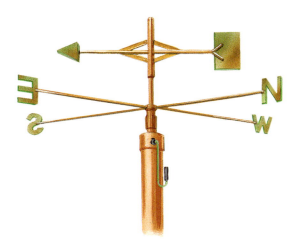

Bibliografische Information Der Deutschen Bibliothek

Die Deutsche Bibliothek verzeichnet diese Publikation
in der Deutschen Nationalbibliografie;
detaillierte bibliografische Daten sind im Internet
über **http://dnb.ddb.de** abrufbar.

2 3 4 5 6   11 10 09 08

Text: Sally Morgan
Grafiken: Mike Atkinson/Garden Studio; Kenn Backhaus;
Andrew Beckett/Garden Studio; Nick Farmer/Brihton Illustration;
Rod Ferring; Mike Gorman, Lorraine Hannay; Tim Harrison;
Richard Hook/Bernard Thornton Artists, UK; Roger Kent/Garden Studio;
Jillian B. Luff; Iain McKellar; Tony Pyrzakowski; Oliver Rennert;
Trevor Ruth; Michael Saunders; Stephen Seymour/Bernard Thornton
Artists, UK; Ray Sim; Rod Westblade

Lizenzausgabe für den Ravensburger Buchverlag Otto Maier GmbH
© 2004, 2006 Ravensburger Buchverlag Otto Maier GmbH,
Postfach 1860, 88188 Ravensburg
Alle Rechte, auch die des auszugsweisen Nachdrucks,
der fotomechanischen Wiedergabe
und der Übersetzung, vorbehalten

Rechte der Originalausgabe:
Weldon Owen Pty Limited
© Weldon Owen Pty Limited

Übersetzung aus dem Englischen:
Hans Peter Thiel/Marcus Würmli
Umschlaggestaltung: Dirk Lieb
Printed in Germany
ISBN 978-3-473-55126-2

www.ravensburger.de

Wind und Wetter

Ravensburger Buchverlag

Inhalt

• EINFÜHRUNG •

Wetter? Was ist das?	6
Die Wettermaschine	8

• DAS TÄGLICHE WETTER •

Winde	10
Wärme und Feuchtigkeit	12
Wolken wachsen	14
Wolkenformen	16
Blitz und Donner	18
Regen, Hagel und Schnee	20
Nebel, Reif und Eis	22
Merkwürdige Erscheinungen	24

• WETTERVORHERSAGE •

Wetterregeln	26
Wettergötter	28
Eine alte Kunst	30
Daten sammeln	32
Wetterstation	34
Wie wird das Wetter?	36

• KLIMA •

Strömungen	38
Klimagebiete	40
Polargebiete	42
Gebirge	44
Gemäßigte Zonen	46
In den Tropen	48
Die Wüste	50

• KLIMAVERÄNDERUNGEN •

Eiszeiten	52
Treibhauseffekt	54

Wetterrekorde	56
Fachbegriffe	58
Register	60

Wetter? Was ist das?

Das Wetter gestaltet die Oberfläche der Erde, es lässt Pflanzen wachsen, lässt es heiß oder kalt werden, und es beeinflusst unser ganzes Leben. Das Wetter bestimmt, wie wir uns kleiden, welche Verkehrsmittel wir benutzen, wie wir uns fühlen. Extremes Wetter bringt Stürme, zerstört Häuser und lässt Flüsse über die Ufer steigen. Bei großer Trockenheit sterben die Pflanzen ab und es gibt Hungersnöte. Was ist „Wetter"? Die Meteorologen bezeichnen damit die Bedingungen der Atmosphäre zu jedem beliebigen Zeitpunkt: die Temperatur und den Luftdruck, die Luftfeuchtigkeit, das Vorhandensein oder Fehlen von Wind und die Wolken. Bei so vielen Faktoren ist das Wetter schwer vorherzusagen. Und es schwankt von Ort zu Ort. Während auf der einen Seite eines Gebirges ständig heftige Winde wehen, herrscht auf der anderen fast immer Windstille. So ist das Wetter!

Waldbrand!
In heißen Sommern können Unterholz und Bäume leicht Feuer fangen. Wenn dazu noch heftige Winde wehen, entsteht schnell ein verheerender Waldbrand.

Stürme
Die heftigsten Winde treten bei Wirbelstürmen auf. Sie bringen meist sintflutartige Regenfälle mit sich.

Schneefälle
Bei starken Schneefällen kommt der ganze Verkehr zum Erliegen.

REGEN BRINGT SEGEN

Wenn genügend Regen fällt, gedeihen Pflanzen gut und es gibt eine gute Ernte. Auch die Tiere haben dann genügend Wasser und genug zu fressen. Dürrezeiten jedoch können sich katastrophal auswirken, selbst wenn sie nur einige Wochen dauern. Der Boden trocknet aus und zeigt Risse. Die Pflanzen verkümmern und es kommt zu Missernten. Weidetiere finden bei Trockenheit nicht genügend Nahrung. Quellen versiegen und Wasserlöcher trocknen aus.

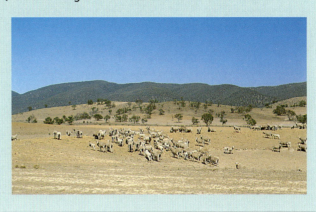

Unter sengender Sonne
Wenn es monatelang nicht regnet, trocknet in heißen Gebieten der Boden völlig aus.

Regenbogen
Bricht sich das Licht der Sonne an den Wassertröpfchen, sieht man einen Regenbogen.

Überschwemmung
Wirbelstürme bringen oft viel Regen. In der Tiefebene treten die Flüsse dann über die Ufer und vernichten die Ernte.

Zum Weiterlesen 54–55

Die Wettermaschine

Der Motor des gesamten Wetters ist die Sonne. Sie erwärmt die Oberfläche der Erde, am stärksten in den Tropen, am wenigsten in den Polargebieten. Dabei nimmt die Erdoberfläche nur die Hälfte der von der Sonne eingestrahlten Energie auf. Die andere Hälfte wird in den Weltraum zurückgeworfen oder von der Atmosphäre verschluckt. Wie viel Sonnenenergie reflektiert wird, hängt stark von der Oberfläche der Erde ab. Blendend weißer Schnee wirft etwa neun Zehntel der Sonnenwärme zurück. Das dunkelgrüne Laubdach der Regenwälder absorbiert aber fast die gesamte Sonneneinstrahlung. Die Temperaturen schwanken auf dem Festland stärker als in den Ozeanen. Dies hat auch Unterschiede im Luftdruck und damit Winde zur Folge. Die Temperaturunterschiede lösen die umfangreiche Zirkulation in der Atmosphäre aus, durch die Klima und Wetter entstehen.

Wärmelieferant Sonne
Über dem Äquator erwärmt sich die Luft stärker als an den Polen. Die Sonnenstrahlen fallen am Äquator fast senkrecht ein, an den Polen dagegen nur ganz schräg, sodass sich die gleiche Energie über eine viel größere Fläche verteilt. Würde die Wärme am Äquator nicht durch Wind und Wasser weitertransportiert, so würde es in den Tropen immer heißer und heißer.

SCHON GEWUSST?

Die Sonnenenergie, die im Laufe eines Tages auf die Erdatmosphäre trifft, entspricht ungefähr der Leistung von 200 Millionen Kraftwerken. Die Sonne verliert bei der Energieabstrahlung rund 4 Millionen t Masse pro Sekunde.

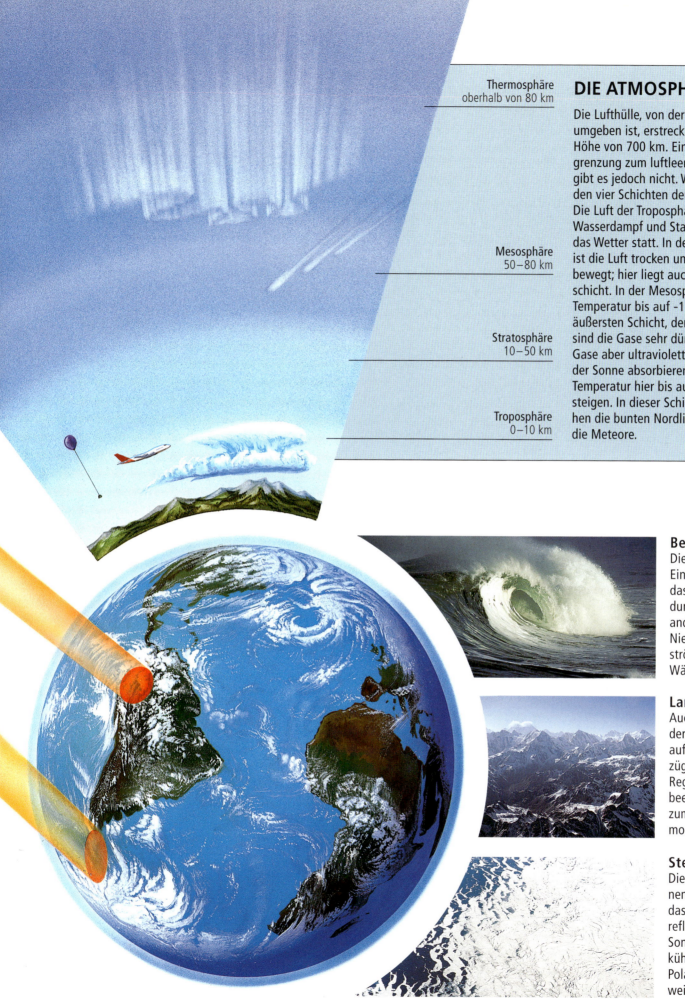

Thermosphäre
oberhalb von 80 km

Mesosphäre
50–80 km

Stratosphäre
10–50 km

Troposphäre
0–10 km

DIE ATMOSPHÄRE

Die Lufthülle, von der die Erde umgeben ist, erstreckt sich bis in eine Höhe von 700 km. Eine scharfe Abgrenzung zum luftleeren Weltraum gibt es jedoch nicht. Wir unterscheiden vier Schichten der Atmosphäre: Die Luft der Troposphäre enthält viel Wasserdampf und Staub; hier findet das Wetter statt. In der Stratosphäre ist die Luft trocken und kaum mehr bewegt; hier liegt auch die Ozonschicht. In der Mesosphäre fällt die Temperatur bis auf -120 °C. In der äußersten Schicht, der Thermosphäre, sind die Gase sehr dünn. Da diese Gase aber ultraviolettes Licht von der Sonne absorbieren, kann die Temperatur hier bis auf 2000 °C steigen. In dieser Schicht entstehen die bunten Nordlichter und die Meteore.

Bewegtes Wasser
Die Ozeane haben großen Einfluss auf das Wetter und das Klima. Ständig verdunstet Wasser und fällt anderswo wieder als Niederschlag. Meeresströmungen transportieren Wärme zu den Polen.

Landschaft
Auch die Oberflächenform der Erde hat Auswirkungen auf das Wetter. Gebirgszüge können Winde und Regen ablenken. So beeinflusst der Himalaja zum Beispiel den Sommermonsun in Asien.

Steuerung
Die polaren Eiskappen dienen als Thermostate für das Wetter. Eis und Schnee reflektieren die meiste Sonnenenergie und wirken kühlend. Änderungen in den Polargebieten hätten weltweite Klimaauswirkungen.

Zum Weiterlesen 38–39

Winde

Die Luft um uns ist dauernd in Bewegung. Dadurch entstehen leichte Brisen und auch orkanartige Stürme. Die Sonne erwärmt das Festland und damit die darüber liegende Luftsäule. Durch diese Erwärmung bewegen sich die Luftmoleküle schneller und die Luft dehnt sich aus. Sie ist nun weniger dicht als die sie umgebenden kühleren Luftmassen und es entsteht ein Gebiet mit niedrigerem Luftdruck. Die Warmluft steigt als riesige unsichtbare Blase nach oben. Gleichzeitig fließt kühlere Luft nach, um sie zu ersetzen. Dadurch entsteht eine Zirkulation, die der Physiker als Konvektionsströmung bezeichnet. Der Unterschied zwischen hohem und niedrigem Luftdruck bestimmt die Windgeschwindigkeit. Die Luft fließt dabei immer vom Hochdruckgebiet ins Tiefdruckgebiet. Tiefdruckgebiete bringen wechselhaftes, windiges, oft regnerisches Wetter. In Hochdruckgebieten herrscht ruhiges, schönes Wetter.

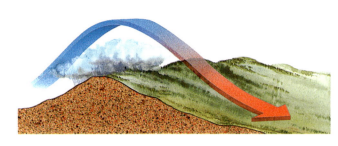

Regenschatten
An vielen Gebirgsketten ist die windzugekehrte Seite deutlich feuchter als die windabgekehrte, weil sich dort die Regenwolken entladen. Im Windschatten ist die Luft meist ziemlich warm und trocken.

Tageszeitliche Winde
An warmen, sonnigen Tagen geht an der Küste immer ein Wind. Er entsteht durch Temperaturunterschiede zwischen dem Festland und dem offenen Meer. Tagsüber erwärmt sich das Land stärker und es weht ein landeinwärts gerichteter kühler Seewind. Nachts kühlt sich das Land stärker ab als das Wasser und es weht ein warmer Landwind in Richtung auf das Meer.

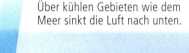

Absinken
Über kühlen Gebieten wie dem Meer sinkt die Luft nach unten.

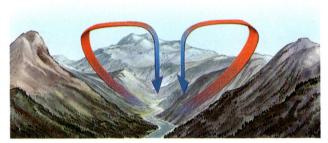

Talwind
Wenn die Sonne Berghänge erwärmt, steigt Warmluft auf. In der Höhe kühlt sie ab und sinkt in der Talmitte wieder herab. Dort entsteht ein talaufwärts gerichteter Wind.

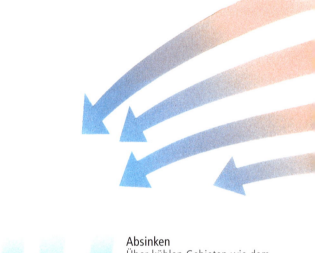

Bergwind
Nachts kühlt die hangnahe Luft ab und sinkt zur Talmitte. Durch das Zusammenströmen im Talgrund entsteht ein Bergwind, der aus dem Tal hinausweht.

Seewind
Vom Meer her bläst ein kühler Wind und ersetzt die Warmluft, die über der Stadt aufgestiegen ist.

DIE WINDSTÄRKEN

Im Jahr 1805 entwickelte der englische Admiral Sir Francis Beaufort eine Skala zur Messung der Windstärken. Maßgeblich für die Einteilung waren die Veränderungen an den Meereswellen und an den Segeln der Schiffe bei Wind oder Sturm. Später wurde diese Skala auch für das Festland übernommen. Die Beaufort-Skala ist immer noch in Gebrauch und kennt 13 Windstärken, die von 0 bis 12 angegeben werden.

Stärke	Geschwindigkeit km/h	Bezeichnung	Auswirkungen
0	1	Windstille	Rauch steigt senkrecht auf
1	5	leiser Zug	an Rauchfahne erkennbar
2	11	leichte Brise	Blätter säuseln
3	19	schwache Brise	Blätter stark in Bewegung
4	28	mäßige Brise	wirbelt Staub und Papier auf
5	38	frische Brise	kleine Bäume schwanken
6	49	starker Wind	kräftige Äste in Bewegung
7	61	steifer Wind	ganze Bäume in Bewegung
8	74	stürmischer Wind	Zweige brechen ab
9	88	Sturm	Dachziegel fallen herab
10	102	schwerer Sturm	Bäume werden entwurzelt
11	117	orkanartiger Sturm	verbreitete Sturmschäden
12	120+	Orkan	allgemeine Verwüstung

Bewegte Luft
Warmluft steigt bis in große Höhen auf.

Aufströmen
Die Luft über dem Festland, besonders über Großstädten, wärmt sich tagsüber stark auf und steigt dadurch weit nach oben in die Atmosphäre.

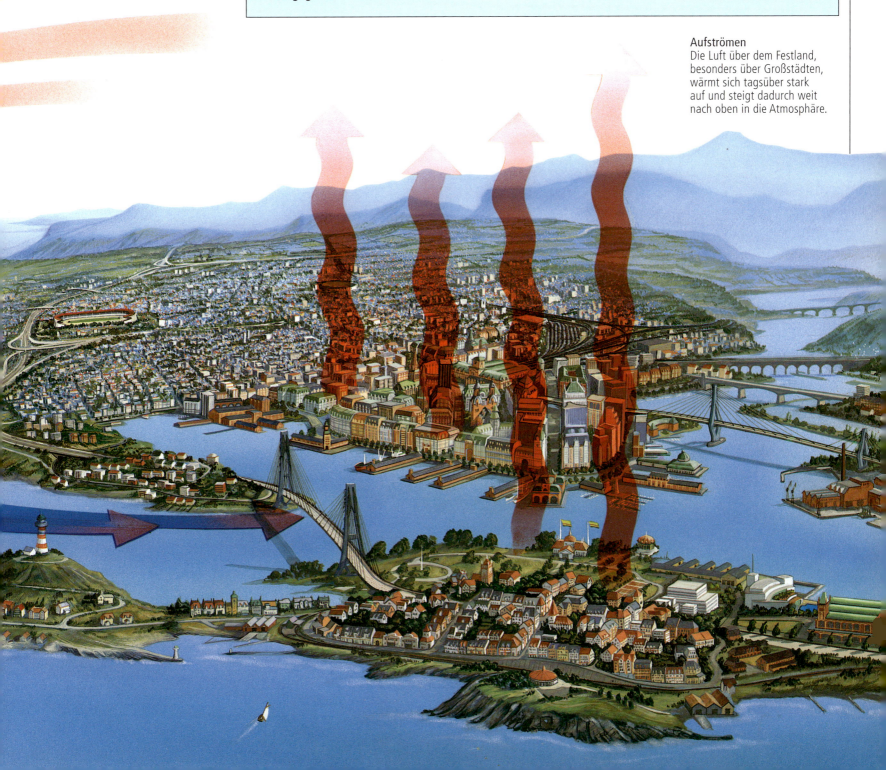

Wärme und Feuchtigkeit

Heiß und schwül
Das Hygrometer zeigt 90 % Luftfeuchtigkeit. Die Temperatursäulen sind fast gleich hoch.

In der Sahara kann die Temperatur auf über 50 °C ansteigen. Dort ist es sehr heiß und trocken. An einem tropischen Strand kommt uns die Luft oft noch heißer vor, obwohl das Thermometer eine niedrigere Temperatur anzeigt als in der Wüste. Der Unterschied liegt in der Luftfeuchtigkeit, das heißt der Menge des Wasserdampfes in der Luft. Wir empfinden nur einen bestimmten Temperatur- und Feuchtigkeitsbereich als angenehm. Sobald es zu heiß wird, fangen wir an zu schwitzen, wobei sich der Körper abkühlt. Bei feuchtwarmer Luft verdunstet der Schweiß nur langsam und es erscheint uns unerträglich heiß. Man misst die Luftfeuchtigkeit mit einem Hygrometer; das einfachste besteht aus zwei Thermometern: Bei einem steckt die Glasröhre in einem feuchten Strumpf. Aus der unterschiedlichen Anzeige der beiden Thermometer kann man den Feuchtigkeitsgehalt der Luft errechnen. Bei sehr trockener Luft verdunstet die Feuchtigkeit im Strumpf rasch. Durch die Verdunstungskälte zeigt dieses Thermometer eine niedrigere Temperatur an.

Wachstumsbedingungen
In Wüsten und Regenwäldern herrschen oft ähnliche Lufttemperaturen. Jedoch nur im Regenwald gedeiht eine üppige Pflanzenwelt, denn dort trieft die Luft geradezu vor Nässe. Wüsten dagegen sind sehr trocken und nur wenige widerstandsfähige Pflanzen können dort überleben.

Kühle Köpfe
Bei heißem Wetter und bei sportlicher Betätigung erhöht sich die Körpertemperatur auf über 37 °C. Deshalb öffnen sich die Poren der Haut und sondern Schweiß ab. Dieser verdunstet und entzieht dabei der Haut Wärme.

TEMPERATURMESSUNG

Im Jahr 1714 entwickelte der Deutsche Gabriel Fahrenheit eine Temperaturskala. Der Nullpunkt entsprach dem niedrigsten Punkt, den die Quecksilbersäule in Deutschland erreicht. Der Gefrierpunkt des Wasser lag bei 32 °F, der Siedepunkt bei 212 °F. Im Jahr 1742 schlug der schwedische Astronom Anders Celsius eine andere Skala vor. Er legte den Gefrierpunkt des Wasser auf 0 °C und den Siedepunkt auf 100 °C fest. Mit Ausnahme von Amerika, wo in Fahrenheit gemessen wird, verwendet man heute überall die Celsiusskala.

Anders Celsius

Heiß und trocken
Das Hygrometer zeigt 20 % Luftfeuchtigkeit. Die Temperatursäulen sind unterschiedlich hoch.

Kaltwüste
Antarktika ist der kälteste Kontinent der Erde. Die Luft ist dort extrem trocken, weil Kaltluft nur sehr wenig Wasserdampf aufnehmen kann.

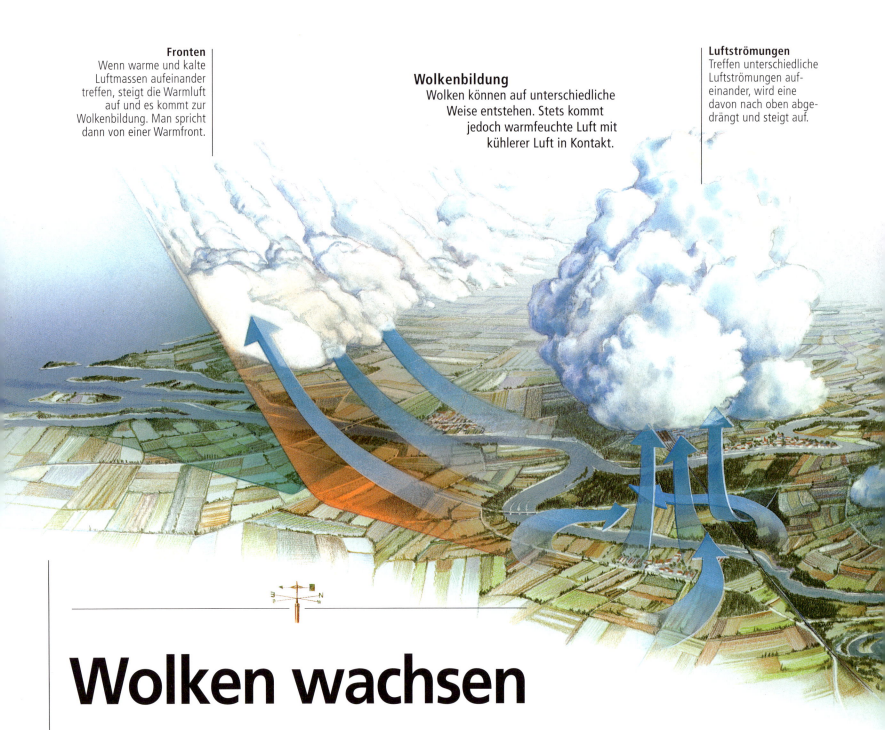

Fronten
Wenn warme und kalte Luftmassen aufeinander treffen, steigt die Warmluft auf und es kommt zur Wolkenbildung. Man spricht dann von einer Warmfront.

Wolkenbildung
Wolken können auf unterschiedliche Weise entstehen. Stets kommt jedoch warmfeuchte Luft mit kühlerer Luft in Kontakt.

Luftströmungen
Treffen unterschiedliche Luftströmungen aufeinander, wird eine davon nach oben abgedrängt und steigt auf.

Wolken wachsen

Wolken bestehen aus winzigen Wassertröpfchen oder aus Eiskristallen, die in der Luft treiben. Dazu muss allerdings feuchtwarme, mit Wasserdampf gesättigte Luft aufsteigen. Diese kühlt sich dabei ab und kann ab einer gewissen Temperatur den Wasserdampf nicht mehr festhalten. Ein Teil davon kondensiert um winzige Staubteilchen und bildet kleine Wassertröpfchen. Auf diese Weise entstehen Wolken, die oft den ganzen Himmel bedecken. Wolken bilden sich auch, wenn Warmluft an Gebirgen aufsteigt – etwa in den Regenwaldgebieten der Anden und des Himalaja. Auch wenn Warmluft über die kühle Meeresoberfläche gleitet, kommt es zur Wolkenbildung. An heißen Tagen entstehen ambossförmige Gewitterwolken. Die feinen Wassertröpfchen in den Wolken werfen alles Sonnenlicht zurück und scheinen daher weiß. Je dichter eine Wolke ist, umso dunkler wirkt sie, da sie kaum Licht durchlässt.

Blick von oben
Aus der Vogelperspektive sehen Wolken oft wie ein weißes Laken oder wie ein Schneefeld aus. Solche Bilder liefern Flugzeuge und Wettersatelliten.

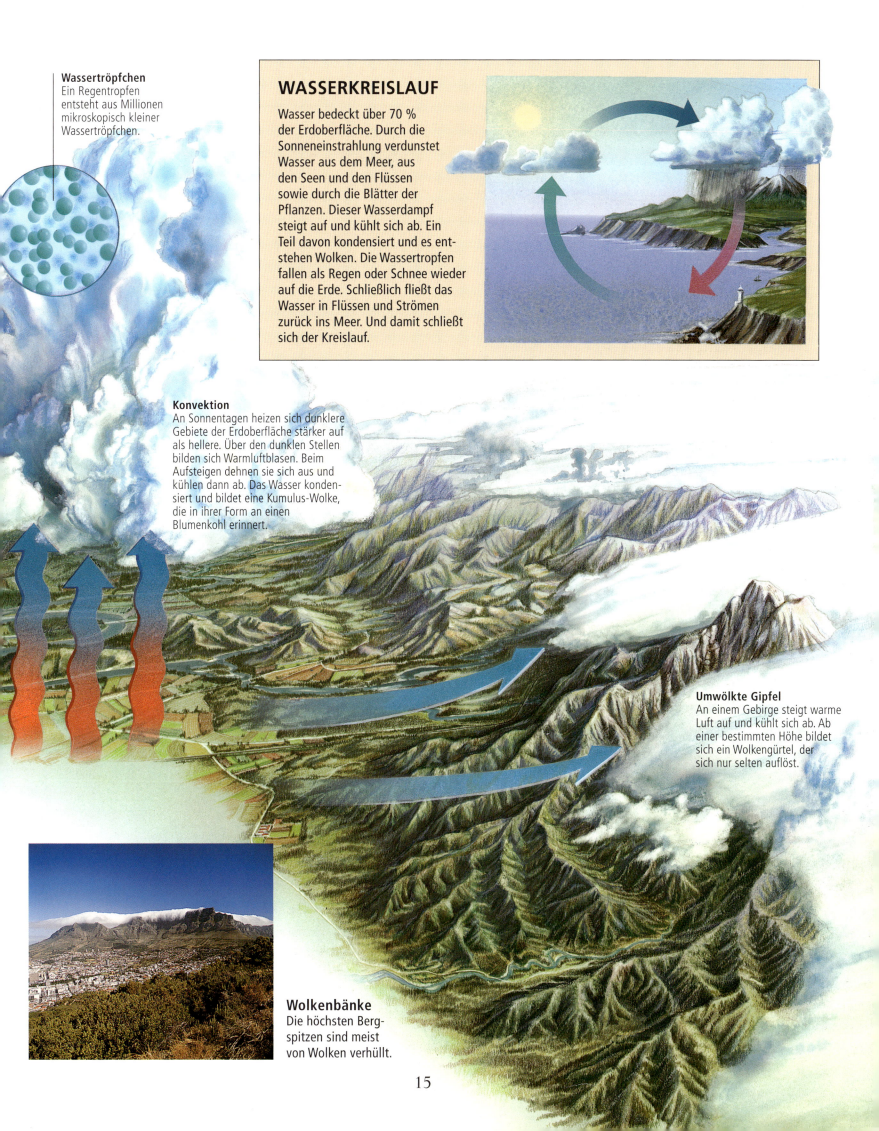

Wassertröpfchen
Ein Regentropfen entsteht aus Millionen mikroskopisch kleiner Wassertröpfchen.

WASSERKREISLAUF

Wasser bedeckt über 70 % der Erdoberfläche. Durch die Sonneneinstrahlung verdunstet Wasser aus dem Meer, aus den Seen und den Flüssen sowie durch die Blätter der Pflanzen. Dieser Wasserdampf steigt auf und kühlt sich ab. Ein Teil davon kondensiert und es entstehen Wolken. Die Wassertropfen fallen als Regen oder Schnee wieder auf die Erde. Schließlich fließt das Wasser in Flüssen und Strömen zurück ins Meer. Und damit schließt sich der Kreislauf.

Konvektion
An Sonnentagen heizen sich dunklere Gebiete der Erdoberfläche stärker auf als hellere. Über den dunklen Stellen bilden sich Warmluftblasen. Beim Aufsteigen dehnen sie sich aus und kühlen dann ab. Das Wasser kondensiert und bildet eine Kumulus-Wolke, die in ihrer Form an einen Blumenkohl erinnert.

Umwölkte Gipfel
An einem Gebirge steigt warme Luft auf und kühlt sich ab. Ab einer bestimmten Höhe bildet sich ein Wolkengürtel, der sich nur selten auflöst.

Wolkenbänke
Die höchsten Bergspitzen sind meist von Wolken verhüllt.

Wolkenformen

Zirrus
10 000 m
Zirrokumulus
Zirrostratus
6000 m

Hoch am Himmel
Je nach der Höhe unterscheidet man drei Gruppen von Wolken: Die hohen Wolken treten oberhalb von 6000 m auf, die mittelhohen zwischen 2000 und 6000 m und die tiefen Wolken unterhalb von 2000 m. Kumulus-Wolken können sich bis über 10 km Höhe erstrecken.

Altokumulus

Altostratus

Kumulonimbus

2000 m

Stratokumulus

Stratus

Kumulus

Nimbostratus

Es gibt keine zwei Wolken, die gleich aussehen. Trotzdem kann man zwei grundlegende Wolkentypen unterscheiden: flauschige Haufenwolke und geschichtete Wolken. Haufenwolken entstehen, wenn Warmlufttaschen aufsteigen. Geschichtete Wolken bilden sich, wenn feuchte Luft sich waagerecht zwischen kühleren Schichten bewegt. Für die weitere Einteilung der Wolken verwendet man ihre Höhe über der Erdoberfläche. Wattebauschähnliche Kumulus-Wolken treten an warmen, sonnigen Tagen auf und sind ein Zeichen für schönes Wetter. Die hohen Zirrus- oder Schleierwolken sind Vorboten einer Wetterfront und kündigen sich nähernde kalte oder warme Luftmassen an. Auf die Schleierwolken folgen oft niedrige Altostratus- und Stratus-Wolken, die den ganzen Himmel mit einer grauen Schicht überziehen und Regen bringen.

Blasen am Himmel
Der Meteorologe bezeichnet diese seifenblasenartigen Wolken als Kumulonimbus mamma. Man sieht sie oft an der Unterseite von Gewitterwolken. In Amerika treten sie meist als Vorboten von Tornados auf.

„Fliegende Untertassen"
Diese linsenförmigen Wolken wurden schon oft für Raumschiffe Außerirdischer gehalten. Sie entstehen in Bändern an der windabgekehrten Seite von Gebirgszügen.

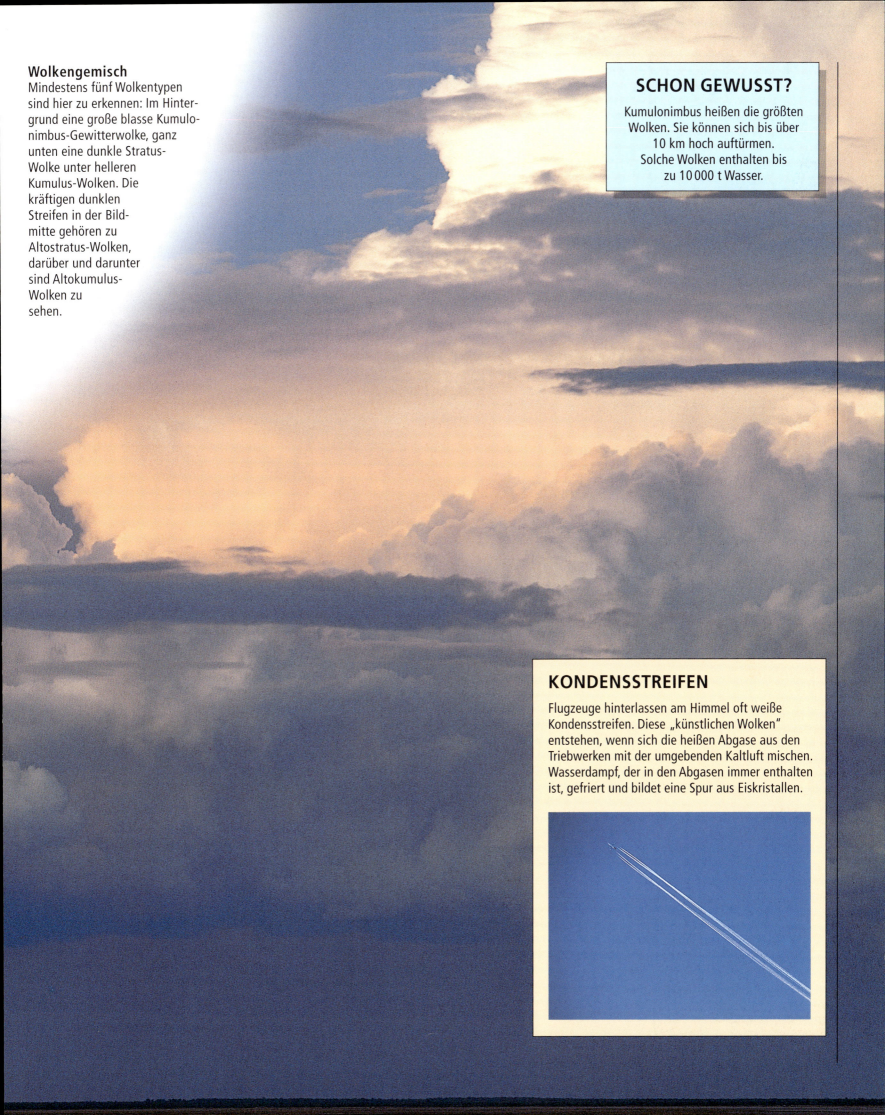

Wolkengemisch
Mindestens fünf Wolkentypen sind hier zu erkennen: Im Hintergrund eine große blasse Kumulonimbus-Gewitterwolke, ganz unten eine dunkle Stratus-Wolke unter helleren Kumulus-Wolken. Die kräftigen dunklen Streifen in der Bildmitte gehören zu Altostratus-Wolken, darüber und darunter sind Altokumulus-Wolken zu sehen.

SCHON GEWUSST?
Kumulonimbus heißen die größten Wolken. Sie können sich bis über 10 km hoch auftürmen. Solche Wolken enthalten bis zu 10 000 t Wasser.

KONDENSSTREIFEN
Flugzeuge hinterlassen am Himmel oft weiße Kondensstreifen. Diese „künstlichen Wolken" entstehen, wenn sich die heißen Abgase aus den Triebwerken mit der umgebenden Kaltluft mischen. Wasserdampf, der in den Abgasen immer enthalten ist, gefriert und bildet eine Spur aus Eiskristallen.

Blitz und Donner

An einem heißen, schwülen Sommertag entstehen durch die aufsteigenden Konvektionsströmungen Kumulus-Wolken. Sie können zu Gewitter- oder Kumulonimbus-Wolken anwachsen. In diesen dunklen Wolken kommt es zu heftigen Luftströmungen und es gibt große Mengen unterkühlter Wassertröpfchen. Die Gewitter werden meist von sturmartigen Winden, schweren Regengüssen und von Blitz und Donner begleitet. Der Blitz ist eine elektrische Entladung. Er bewirkt, dass sich die Luft mit Überschallgeschwindigkeit im Blitzkanal ausdehnt. Das hören wir als Donnergrollen. Blitz und Donner treten gleichzeitig auf. Weil sich das Licht aber schneller ausbreitet als der Schall, sehen wir den Blitz früher als wir den Donner hören. Aus der Zeit, die zwischen Blitz und Donner verstreicht, können wir die Entfernung des Gewitters messen. Jede Sekunde entspricht dabei rund 300 m.

Blitzschlag
Der Blitz schlägt im Allgemeinen in den höchsten Punkt der Umgebung ein, etwa in einen Kirchturm oder einen hohen Baum. Deshalb sollte man bei einem Gewitter auf keinen Fall Zuflucht unter hohen Bäumen suchen. Ein blitzsicherer Ort ist das Auto.

Streifenförmiger Blitz
Bei heftigen Winden hat man den Eindruck, dass der Blitz wie ein Band aussieht.

Zwischen Wolke und Erde
Die Spannung zwischen dem positiv geladenen Erdboden und der negativ geladenen Wolke wird durch einen Blitz ausgeglichen.

Von Wolke zu Wolke
Durch Blitze wird auch der Spannungsunterschied zwischen zwei Wolken mit entgegengesetzter elektrischer Ladung ausgeglichen.

Im Innern der Wolke
Die meisten Blitze entstehen im Innern einer Wolke, wenn es zur Entladung zwischen positiven und negativen Teilchen kommt.

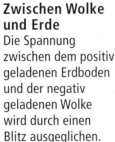

SCHON GEWUSST?
In jeder Sekunde wird die Erde von hundert Blitzen getroffen. Diese Einschläge erfolgen während der rund 2000 Gewitter, die in jedem Augenblick irgendwo auf der Erde toben.

Feuerbälle
In seltenen Fällen erscheint der Blitz wie eine Kugel. Einige dieser Kugelblitze verschwinden ganz ruhig, während andere richtig explodieren. Manche scheinen sogar Menschen zu verfolgen! Kugelblitze richten aber kaum Schäden an.

LEBENSLAUF EINER GEWITTERWOLKE

In Gewitterwolken entstehen sehr heftige Luftströmungen. Sie bewirken, dass Eiskristalle in der Wolke dauernd nach oben geschleudert werden und wieder absinken. Die Kristalle werden dabei immer schwerer, weil sich ständig neue Eisschichten anlagern. Schließlich werden die Kristalle so schwer, dass die Aufwinde sie nicht mehr hochwirbeln können. Sie fallen dann als Regen, Hagel oder Graupel auf die Erde. Dies ist das Ende einer Gewitterwolke, die sich kurz danach auflöst.

Die Gewitterwolke regnet ab.

Regen, Hagel und Schnee

Niederschläge erfolgen in Form von Regen, Sprühregen, Graupel, Hagel oder Schnee. Die Bedingungen innerhalb der Wolke und die Temperatur außerhalb entscheiden über die Art des Niederschlags. Ausschlaggebend dabei ist, ob die Wolke hoch genug liegt, dass aus den Wassertröpfchen Eiskristalle entstehen können. Die Höhe, in der dies geschieht, nennen wir Nullgradgrenze. Sie kann im Sommer bis zu 5000 m über dem Boden liegen. Schnee fällt aus niedrigen, sehr kalten Wolken, wenn die Lufttemperatur um den Gefrierpunkt liegt. Die Eiskristalle gelangen dann auf den Boden, ohne zu schmelzen. Fällt Schnee bei einer Lufttemperatur gerade über 0 °C, so kommt er auf dem Boden als Schneeregen an. Aus dunklen Kumulonimbus-Wolken kann es mitten im Sommer hageln. Nimbostratus-Wolken produzieren einen stetigen Regen, während niedrige Stratus-Wolken Sprühregen bringen.

Regentage
Graue Schichtwolken bringen oft Regengüsse, die eine Stunde oder länger anhalten. Sprühregen oder leichter Landregen kann auch viel länger dauern.

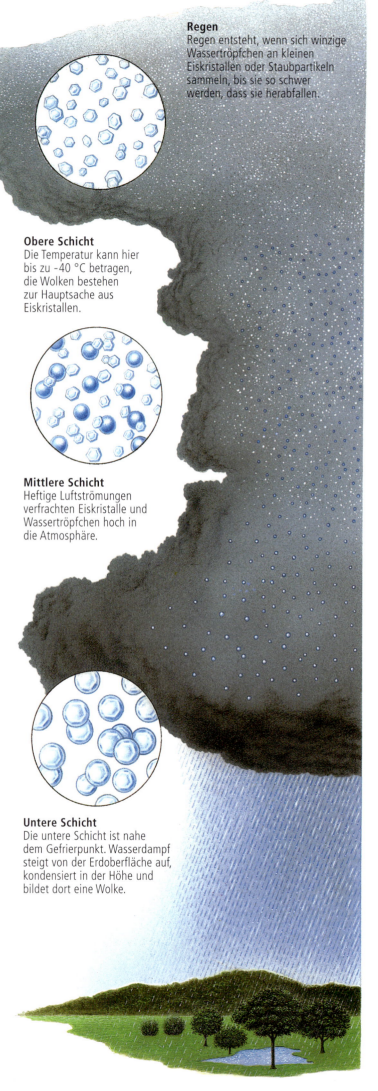

Regen
Regen entsteht, wenn sich winzige Wassertröpfchen an kleinen Eiskristallen oder Staubpartikeln sammeln, bis sie so schwer werden, dass sie herabfallen.

Obere Schicht
Die Temperatur kann hier bis zu -40 °C betragen, die Wolken bestehen zur Hauptsache aus Eiskristallen.

Mittlere Schicht
Heftige Luftströmungen verfrachten Eiskristalle und Wassertröpfchen hoch in die Atmosphäre.

Untere Schicht
Die untere Schicht ist nahe dem Gefrierpunkt. Wasserdampf steigt von der Erdoberfläche auf, kondensiert in der Höhe und bildet dort eine Wolke.

Hagel
Hagelkörner bilden sich an kleinen Eiskristallen. Heftige Aufwinde wirbeln die Körner immer wieder in die Höhe, wobei sie von Mal zu Mal schwerer werden, weil sich weiteres Eis anlagert.

Schnee
Wenn die Nullgradgrenze unterhalb von 300 m über dem Boden liegt, schneit es, weil die Eiskristalle nicht schmelzen können, bevor sie auf den Boden fallen.

SELTSAM ABER WAHR

Im Jahr 1953 fielen auf einem 225 km langen und 8 km breiten Streifen in Alberta, Kanada, Hagelkörner so groß wie Golfbälle. Sie töteten viele tausend Vögel.

Hagelsturm
Hagel kann enorme Zerstörungen anrichten. Dieses Maisfeld wurde von großen Hagelkörnern vollständig vernichtet. Manche Landwirte haben gegen solche Schäden eine Hagelversicherung.

DIE FORMEN DER SCHNEEFLOCKEN

Schneeflocken sind lockere Ansammlungen von Schneekristallen. Diese haben im Allgemeinen eine flache, sechseckige Form. Welche Kristallform genauer ausgebildet ist, hängt von der Lufttemperatur ab. Keine zwei Schneeflocken gleichen einander. Bei tiefen Temperaturen fallen kleine, nadelartige Kristalle, während nahe des Gefrierpunktes größere, verzweigte Formen häufig sind. Auch die Luftfeuchtigkeit spielt eine Rolle. Bei niedrigen Temperaturen ist weniger Wasserdampf vorhanden und es entstehen kleinere Eiskristalle.

Zum Weiterlesen 14–15

Nebel, Reif und Eis

Klare Nächte mit niedrigen Bodentemperaturen bringen oft Nebel und Bodenfrost, besonders kurz vor der Morgendämmerung. Weil der Himmel dann klar ist, kann die Oberfläche so viel Wärme abstrahlen, dass die Temperatur bis in die Nähe des Gefrierpunktes sinkt. Die Luftfeuchtigkeit kondensiert dabei zu Nebel. Am Morgen danach erwärmt die Sonne die Luft wieder und der Nebel löst sich auf. Sinkt die Temperatur weiter, so gefriert die Feuchtigkeit und überzieht den Boden, die Pflanzen und andere Oberflächen mit Raureif oder einer dünnen Eisschicht. Bei lang anhaltender Winterkälte frieren Weiher und Seen von oben her zu. Eine ganz andere Art von Nebel ist der Smog. Er entsteht im Winter wie im Sommer durch die Abgase von Autos und Industriebetrieben. Smog enthält Reizstoffe wie Ozon und schadet der Gesundheit.

Kalter, frostiger Morgen
In klaren Nächten strahlt der Boden viel Wärme in den Weltraum ab. Nahe am Boden sinkt die Temperatur unter den Gefrierpunkt und Raureif legt sich auf die Pflanzen. Wenn ein sehr kalter Wind weht, sinkt die Temperatur weiter und es bilden sich an vielen Stellen Eisschichten. Dieses Glatteis führt häufig zu Verkehrsbehinderungen.

Eisblumen
An kalten Wintertagen sind die Fensterscheiben mit wundervollen federartigen Eiskristallen bedeckt. Sie entstehen, wenn Luftfeuchtigkeit mit der kalten Fensterfläche in Kontakt kommt und gefriert.

VERSCHIEDENE NEBEL

Je nach Art der Entstehung unterscheidet man Nebel: Advektionsnebel entstehen, wenn feuchtwarme Luft über eine kalte Oberfläche streicht. In kalten Nächten bildet sich Strahlungs- oder Bodennebel, vor allem in Flusstälern, wo der Boden schnell auskühlt und die Luftfeuchtigkeit kondensiert. Nebel entsteht auch, wenn Luft an Berghängen aufsteigt und sich dabei abkühlt. Ziehen Warmfronten durch kühlere Gebiete, sind Nebelschwaden oder Frontnebel zu beobachten.

SCHON GEWUSST?

Bevor es Kühlschränke gab, schnitt man im Winter Eisblöcke aus Weiher und Seen und lagerte sie in einem Eiskeller zwischen Strohschichten. Da kalte Luft absinkt, blieb der Keller am Boden den ganzen Sommer über sehr kalt. Vor allem Brauereien legten solche natürlichen Eisschränke an.

Eine Wand aus Eis
Gelegentlich ist es so kalt, dass die Meeresgischt gefriert und an der Küste eine Eiswand bildet.

Geheimnisvolle Schatten
Gelegentlich wirft die Sonne vergrößerte Schatten von Bergsteigern auf tief hängende Wolken oder Nebelwände. Diese Erscheinung nennt man bei uns Brockengespenst.

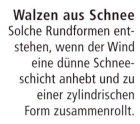

Walzen aus Schnee
Solche Rundformen entstehen, wenn der Wind eine dünne Schneeschicht anhebt und zu einer zylindrischen Form zusammenrollt.

Farben des Lichts
Sonnenlicht ist weiß, besteht aber aus allen Farben des Spektrums. Wenn Sonnenstrahlen in einen Regentropfen eindringen, werden sie gebrochen und in die Spektralfarben zerlegt.

Merkwürdige Erscheinungen

Wenn Sonnenlicht auf Eiskristalle oder Wassertröpfchen trifft, wird es gebrochen, in die einzelnen Spektralfarben aufgelöst und reflektiert. Wir sehen dann einen Regenbogen, einen Halo oder eine Glorie. Einen Regenbogen erblicken wir, wenn die Sonne tief in unserem Rücken steht und durch ein Regengebiet scheint. Nebensonnen entstehen als kleinere Flecken zu beiden Seiten der Sonne. Sie erscheinen, wenn Sonnenstrahlen von Eiskristallen hoher Wolken gebeugt werden. Kränze sind aufeinander folgende farbige Ringe um Sonne und Mond. Als Glorien bezeichnen wir farbige Ringe, die sich um die Schatten von Figuren im Gegenlicht bilden. Sehr selten tritt farbiger Regen auf. Wenn zum Beispiel der Wind Staub aus der Sahara mit sich führt, färbt sich der Regen rot. Bei starker Umweltverschmutzung kommt es manchmal zu schwarzem Regen. Gelber Regen entsteht, wenn sich viel Blütenstaub an den Wassertröpfchen anlagert.

Nebensonnen
Die Lichterscheinungen links und rechts von der Sonne sind Nebensonnen und damit Halo-Erscheinungen. Sie haben oft lange, von der Sonne abgewandte Schwänze.

Ein doppelter Regenbogen
Regenbogen entstehen durch Brechung und Reflexion der Sonnenstrahlen an Millionen von Regentropfen. Die Sonne muss ziemlich tief im Rücken des Betrachters stehen. Daher sind Regenbogen niemals zur Mittagszeit zu beobachten. Wird das Sonnenlicht im Innern eines Regenbogens zweimal reflektiert, so können wir einen schwächeren Nebenregenbogen sehen. Er liegt um 9° höher als der Hauptregenbogen und die Farbabfolge ist umgekehrt: Rot steht außen.

WAS ALLES VOM HIMMEL FÄLLT

Die Engländer sagen: „Es hagelt Katzen und Hunde." Diese Redensart ist gar nicht so abwegig. In allen Jahrhunderten wurde von Fisch- und Froschregen berichtet. Es sollen schon Krabben, Muscheln, Mäuse, Schnecken und Maikäferlarven vom Himmel gefallen sein. Wasserhosen und Tornados entwickeln auf jeden Fall genügend Kraft, um solche Lebewesen aus dem Wasser oder vom Boden hochzusaugen und woandershin zu verfrachten.

Wetterregeln

Heute können Meteorologen mit Hilfe von Wettersatelliten ziemlich genaue Wettervorhersagen treffen. Früher beobachteten die Menschen die Natur, um Anzeichen für das künftige Wetter zu finden. Die Bauern betrachteten die Farbveränderungen des Himmels und zogen Schlüsse aus dem Verhalten von Tieren. Aber diese Anzeichen sind nicht unbedingt zuverlässig. In unseren mittleren Breiten ist es besonders wichtig zu wissen, wie das Wetter wird: Man kann sich entsprechend kleiden und zum richtigen Zeitpunkt säen und ernten. Nicht nur Bauern, Fischer und Bauarbeiter sind auf Wettervorhersagen angewiesen. Der Wetterbericht ist vor allem für den Schiffs- und Flugverkehr wichtig. Trotz der heutigen Möglichkeiten der Wettervorhersage haben sich vor allem in ländlichen Gegenden noch viele Wetterregeln erhalten, die auf Erfahrungswerten beruhen. Bauernregeln sind oft in Reime gefasst, zum Beispiel: „Regenbogen am Morgen, macht dem Schäfer Sorgen; Regenbogen am Abend, ist dem Schäfer labend."

Kopfnicken
Wenn ein Maultier den Kopf schüttelt und dazu nickt, so glauben die Spanier, dass es bald regnen wird.

Tiefflieger
Einige Völker Asiens schließen auf Regenwetter, wenn Libellen knapp über dem Boden fliegen.

Katzenwäsche
In Deutschland glauben manche, dass eine Katze sich wäscht, bevor es regnet.

Perlhuhnwetter
Wenn die Perlhühner sich paaren und mit dem Nestbau beginnen, ist das für Afrikaner ein Zeichen, dass bald Regen fällt.

Abendrot
Viele glauben, dass Abendrot schönes Wetter ankündigt, Morgenrot dagegen schlechtes Wetter. Das gilt auch für den Regenbogen. Er zeigt sich am Abend im Osten, am Morgen im Westen. Bei vorherrschenden Westwinden bedeutet ein Regenbogen, dass bald schlechtes Wetter eintrifft. Beim Abendregenbogen dagegen zieht es ab.

Schönwetterbienen
Bienen auf Futtersuche summen laut. Das gilt als Zeichen für schönes Wetter.

Ein prächtiger Tag
Wenn sich die Blüten der Gartenwinde öffnen, kann man sicher sein, dass der Tag schön bleibt.

Ausgetrocknet
Manche Leute behaupten, dass das Wetter schön bleibt, wenn sie offene Kiefernzapfen finden. Richtig ist, dass sich die Zapfen bei trockenem Wetter öffnen und bei feuchtem schließen.

MEHR ALS EIN KÖRNCHEN WAHRHEIT

Wetterregeln haben meist keine wissenschaftliche Grundlage. Einige hingegen erweisen sich aber als überraschend zutreffend. Ein Ring um den Mond ist ein verlässliches Zeichen für kurz bevorstehenden Regen. Der Ring ist nämlich ein Halo, der durch die Eiskristalle der Zirrostratus-Wolken entsteht. Auf Abendrot folgt tatsächlich oft ein schöner Tag. Perlhühner können Donnergrollen über viele hundert km Entfernung hören. Wenn Schwalben niedrig fliegen, droht meistens Regen. Blumen, Grashüpfer und andere Insekten sind dagegen wenig verlässige Anzeiger für eine Änderung des Wetters.

Ein Sonnenbad
Grashüpfer zirpen am liebsten bei warmem, trockenem Wetter. Wenn die Temperatur steigt, zirpen sie lauter.

Zum Weiterlesen 16–17

Wettergötter

Lange bevor die Meteorologie eine Wissenschaft wurde, versuchte man das Wetter anhand von Mythen über die Sonne, den Wind und den Regen zu erklären. Die Menschen erfanden Götter, die die Naturgewalten verkörperten. Man erzählte sich Geschichten von der Entstehung des Donners und des Blitzes. Der nordische Gott Thor beispielsweise trug immer einen Hammer mit sich. Wenn er wütend war, schlug er damit zu und erzeugte so Blitz und Donner. Asiatische Völker behaupten, Taifune würden dann entstehen, wenn ein Riesenvogel mit seinen Flügeln schlägt. In Dürrezeiten wurden die Götter angerufen. Die nordamerikanischen Hopi-Indianer führten den Schlangentanz auf und glaubten, dadurch könne Regen herbeigezaubert werden. Ihre Priester tanzten auf dem Dorfplatz und trugen dabei lebende Klapperschlangen im Mund. Diese stellten die Blitze von Sommergewittern dar. Die mittelamerikanischen Azteken opferten ihrem Regengott Tlaloc sogar kleine Kinder.

Abwehrzauber
Die Medizinmänner der Yoruba in Nigeria heben bei Zeremonien das Zepter mit der Darstellung ihres Gottes für Blitz und Donner in die Höhe. Damit sollen schwere Stürme abgewehrt werden.

Donnervögel
Einige Indianerstämme glauben, riesige Vögel erzeugten den Donner durch Flügelschlagen. Und die Blitze entstünden, wenn die Augen der Vögel aufleuchten.

Chinesische Sturmgötter

Ein chinesischer Mythos erzählt, dass verschiedene Götter gemeinsam ein Gewitter entfesseln. Die Hauptrollen spielen der Donnergott Lei Kung und die Blitzgöttin Tien Mu. Sie erzeugt die Blitze mit Handspiegeln. Der Meister des Regens Yu-tzu gießt Wasser aus einem Kübel über die Erde und zerteilt es mit dem Schwert. Der Wolkenjunge Yun-tiung häuft Wolke auf Wolke, während der Herr der Winde, Feng-po, Windböen aus einem Behälter aus Ziegenfell entlässt.

Sturmgeist

Kultana ist ein Geist der australischen Ureinwohner von Arnhemland. Er bringt Wind vom Norden und damit Regen.

SCHON GEWUSST?

Früher hielten die Menschen viele Wettererscheinungen für Zeichen der Götter. Wütende Gottheiten schleuderten Blitze auf bestimmte Orte oder Personen.

SONNENVEREHRUNG

Ohne Sonne gäbe es kein Leben auf unserem Planeten. Sie wärmt die Erde und lässt die Pflanzen wachsen. Viele Kulturen verehrten deswegen diese Energiequelle. Die Inka und Azteken bauten Tempel für die Sonnengötter. Der Sonnentempel in Teotihuacán sieht wie eine Pyramide aus. Ein kleines Gebäude an der Spitze des Tempels dient dem Gott als Wohnung. Man gelangt über eine mächtige Freitreppe dorthin. Viele Tempel waren so ausgerichtet, dass das Sonnenlicht am längsten Tag des Jahres auf eine bestimmte Stelle fiel.

Eine alte Kunst

Seit tausenden von Jahren studieren die Menschen das Wetter. Der griechische Philosoph und Naturforscher Aristoteles veröffentlichte um 350 v. Chr. das erste Buch darüber. Jahrhundertelang beobachteten Bauern und Seeleute genau jede Wetterveränderung und das Verhalten der Tiere. Denn damals gab es noch keine zuverlässigen Instrumente zur Messung des Wetters. Erst im 16. Jahrhundert entwickelte Galileo Galilei das Thermometer. Und 1644 erfand der Italiener Evangelista Torricelli das Barometer, mit dem man den Luftdruck misst. Später folgten das Hygrometer zur Messung der Luftfeuchtigkeit und das Anemometer, um die Windgeschwindigkeit festzustellen. Allmählich wurde nun die Wettervorhersage zu einer exakten Wissenschaft. Durch die Erfindung des Telegrafen im Jahr 1837 war es möglich, Daten aus weit entfernten Wetterstationen schnell weiterzuleiten. Heute sind die meteorologischen Stationen weltweit durch Computer vernetzt.

SCHON GEWUSST?
Im 19. Jahrhundert verwendeten Engländer Kameras und riesige Stative, um die Höhe der Wolken zu bestimmen. Heute setzen Meteorologen dafür Laserstrahlen ein.

Ein Zentrum der Wissenschaft
Im 17. Jahrhundert war die Accademia del Cimento, die „Akademie der Versuche", in Florenz das Zentrum der wissenschaftlichen Wetterforschung. Auf diesem Bild messen Meteorologen den Luftdruck mit einem Barometer.

Ein frühes Thermometer
Eines der ersten Thermometer bestand aus einer Glasflasche mit einem langen, dünnen Glasrohr darin. Es war mit Alkohol gefüllt und an einem Ende verschlossen. Der Alkohol im Innern des Röhrchens dehnte sich aus, wenn die Temperatur stieg, und zog sich bei Kälte zusammen.

Wetterfahne
Seit vielen Jahrhunderten gibt es Wetterfahnen, die anzeigen, aus welcher Richtung der Wind weht, und nach dieser Richtung wird er auch benannt. Diese Wetterfahne stammt von den Wikingern aus dem 10. Jahrhundert.

DAS ERSTE WETTERBÜRO

Im Jahr 1847 richtete Joseph Henry, damals Sekretär der Smithsonian Institution in den USA, ein Netz aus Wetterstationen ein. Die Daten liefen auf telegrafischem Weg in seinem Institut in Washington zusammen. Jeden Tag wurden sie analysiert. Die Forscher zeichneten danach eine Wetterkarte und sandten einen Bericht an eine Zeitung, die Washington Evening Post. 1869 waren diesem Netz bereits 350 Wetterstationen angeschlossen.

Daten sammeln

Mit einem Blick zum Himmel und der Überprüfung der Windrichtung kann man schon ungefähr sagen, wie sich das Wetter entwickeln wird. Wer es genau wissen will, muss Messinstrumente zu Hilfe nehmen. Viele funktionieren nach einem einfachen Prinzip und können auch zu Hause eingesetzt werden. Manche Leute führen sogar ein Wettertagebuch. Am wichtigsten sind darin Angaben über Temperatur, Niederschlag, Windgeschwindigkeit und Windrichtung, Luftdruck und Luftfeuchtigkeit. Die Messungen sollte man jeden Tag zur selben Zeit vornehmen. Meteorologen führen auch Buch über die Dauer der Sonneneinstrahlung und die Bedeckung des Himmels. Dann vergleichen sie die Werte hunderter von Wetterstationen und zeichnen schließlich eine Wetterkarte.

Regenmesser
Mit einem einfachen Niederschlagsmesser, der im Freien steht, kann man messen, wie viel Regen oder Schnee gefallen ist, und die Werte aufzeichnen. Bei einem längeren Beobachtungszeitraum lässt sich die durchschnittliche Niederschlagsmenge für das ganze Jahr berechnen.

SELTSAM ABER WAHR

Im Jahr 1938 bestellte ein Mann aus Long Island an der Ostküste der USA bei einem Versandhaus ein Barometer. Als er es aufgehängt hatte, wies der Zeiger der Skala ständig auf „Hurrikan". Der Mann hielt das Gerät für defekt und schrieb dem Hersteller. Als er von der Post zurückkam, wo er seinen Beschwerdebrief aufgegeben hatte, musste er entdecken, dass inzwischen ein Hurrikan sein Haus zerstört hatte.

UNTER DRUCK

Der Luftdruck ändert sich mit dem Wetter. Niedriger Luftdruck bedeutet oft Regen oder sogar Sturm. Bei Hochdruck können wir schönes Wetter erwarten. Das Dosen- oder Aneroidbarometer (oben) verwendet zum Messen keine Flüssigkeit, sondern eine luftleere Dose. Nimmt der Luftdruck zu, wird die Dose stärker zusammengedrückt und der Zeiger schlägt auf der Skala nach rechts aus. Fällt der Luftdruck, dehnt sich die Dose aus und der Zeiger bewegt sich in die entgegengesetzte Richtung.

Anemometer
Die Windgeschwindigkeit misst man mit dem Anemometer, das für lückenlose Aufzeichnungen mit einem Computer verbunden wird. Je schneller sich die drei Schalen drehen, umso größer ist die Geschwindigkeit.

Sturmglas
Da Quecksilberbarometer teuer waren, verwendete man im 19. Jahrhundert auf Schiffen wassergefüllte Sturmgläser. Sobald das Wasser in der Tülle hochstieg, wussten die Seeleute, dass der Luftdruck fiel. Dies war ein Zeichen für einen herannahenden Sturm.

Wetterhütte
Die einfachste Wetterhütte besteht aus einem Thermometer und einem Hygrometer. Eine luftdurchlässige Jalousie schützt die Geräte vor direkter Sonneneinstrahlung.

Wetterstation

Die Atmosphäre ist eine riesenhafte, sich stets verändernde Wettermaschine. Die Meteorologen benötigen ständig Informationen über die Atmosphäre aus allen Gebieten der Erde, von Bodennähe bis in 4000 km Höhe. Auf dem Festland und dem Meer gibt es tausende von Wetterstationen, die Veränderungen in der Lufthülle feststellen und aufzeichnen. Wir bezeichnen diese Veränderungen insgesamt als Wetter. Flugzeuge und vor allem Wetterballons führen Messungen in großen Höhen der Atmosphäre durch. In abgelegenen Teilen der Erde stehen unbemannte Wetterstationen, die vollautomatisch arbeiten. Überall – in der Luft, am Boden und auf dem Wasser – werden dieselben Messungen durchgeführt. Die Weltorganisation für Meteorologie in Genf sammelt alle Messdaten. Von ihr erhalten die nationalen Wetterdienste die nötigen Informationen, um ihre Wettervorhersage erstellen zu können.

SCHON GEWUSST?
Schon im 5. Jahrhundert v. Chr. verwendeten indische Bauern Regenmesser. Sie stellten kleine bauchige Schalen auf, um herauszufinden, ob es überall gleich viel regnete.

Abgelegene Stationen
Die Meteorologen brauchen Informationen aus der ganzen Welt. Deshalb gibt es auch in völlig abgelegenen Gebieten Wetterstationen. Einige werden immer noch von geschulten Beobachtern bedient, andere funktionieren vollautomatisch.

Wetterballon
Wetterballons lässt man hoch in die Atmosphäre aufsteigen. Sie führen in einer Radiosonde Messgeräte und einen kleinen Radiosender mit, der die Daten zur Erde funkt.

Wetterhütte
In der Wetterhütte befinden sich das Thermometer und das Hygrometer. Damit misst man Temperatur und Luftfeuchtigkeit.

Sonnenscheinautograf
Dieses Gerät zeichnet die Sonnenscheindauer auf. Es enthält eine Glaskugel, die wie ein Brennglas wirkt.

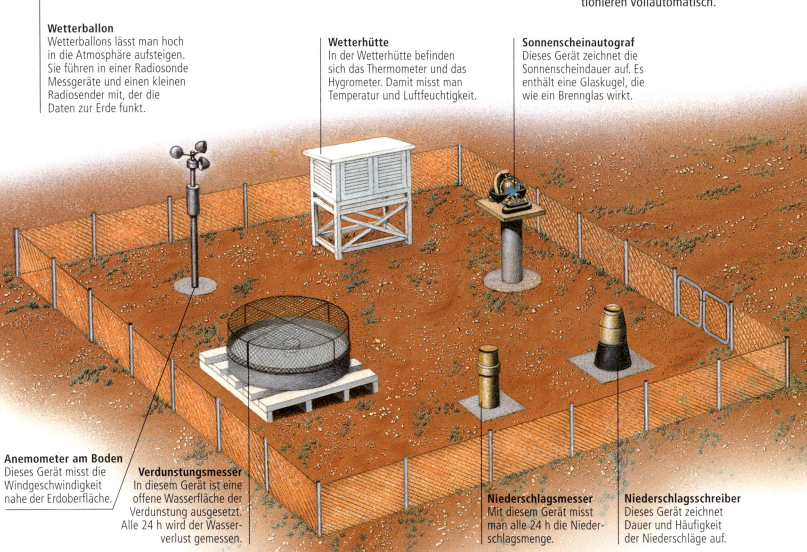

Anemometer am Boden
Dieses Gerät misst die Windgeschwindigkeit nahe der Erdoberfläche.

Verdunstungsmesser
In diesem Gerät ist eine offene Wasserfläche der Verdunstung ausgesetzt. Alle 24 h wird der Wasserverlust gemessen.

Niederschlagsmesser
Mit diesem Gerät misst man alle 24 h die Niederschlagsmenge.

Niederschlagsschreiber
Dieses Gerät zeichnet Dauer und Häufigkeit der Niederschläge auf.

Ein Spion auf See
Die Wetterbedingungen auf dem Ozean werden von besonders ausgerüsteten Schiffen und Messbojen untersucht. Diese werden an Stellen abseits der großen Schifffahrtslinien am Meeresboden verankert. Die Wetterbeobachtung auf dem Meer ist sehr wichtig, weil Stürme und Hurrikans stets hier entstehen.

DAS AUGE AM HIMMEL

Als im Jahr 1960 die ersten Wettersatelliten gestartet wurden, machte die Wetterkunde oder Meteorologie große Fortschritte. Heute überwachen Satelliten die gesamte Erde und führen zahlreiche Messungen in der Atmosphäre durch. In regelmäßigen Abständen fotografieren sie die Wolken. Die Bilder über die Wolkenbedeckung funken sie zusammen mit den Messdaten auf die Erde. Damit können die Meteorologen zum Beispiel die Entwicklung und Fortbewegung von Wirbelstürmen genau verfolgen. Die Satelliten haben auch Sensoren für Wärme und Licht an Bord. Mit ihrer Hilfe lassen sich die Temperaturen des Festlandes und der Meeresoberfläche messen.

Wettersatellit

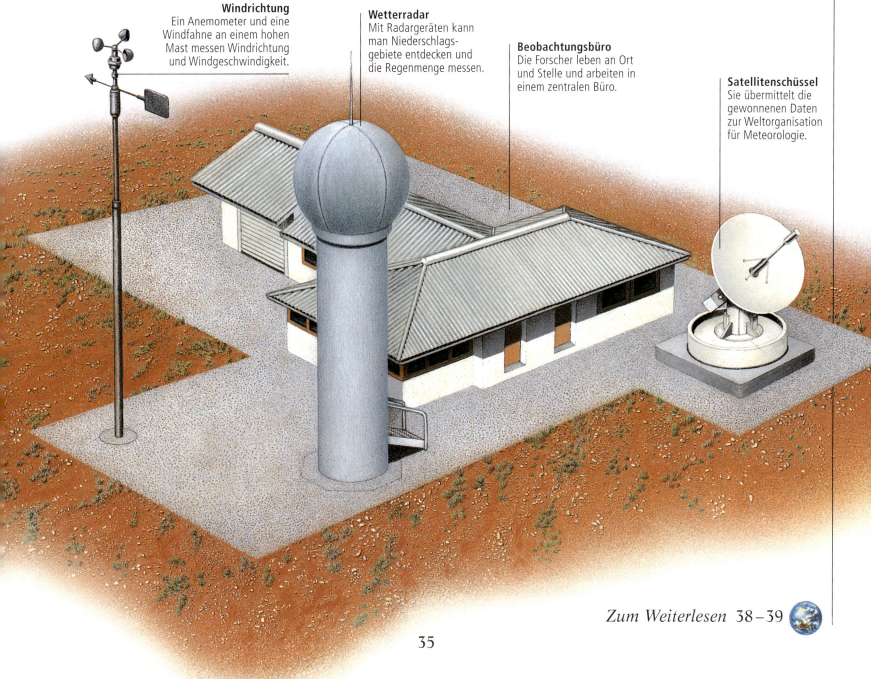

Windrichtung
Ein Anemometer und eine Windfahne an einem hohen Mast messen Windrichtung und Windgeschwindigkeit.

Wetterradar
Mit Radargeräten kann man Niederschlagsgebiete entdecken und die Regenmenge messen.

Beobachtungsbüro
Die Forscher leben an Ort und Stelle und arbeiten in einem zentralen Büro.

Satellitenschüssel
Sie übermittelt die gewonnenen Daten zur Weltorganisation für Meteorologie.

Zum Weiterlesen 38–39

Wie wird das Wetter?

Tag und Nacht laufen Wettermeldungen von Satelliten, Beobachtungsstationen, Schiffen und Flugzeugen in den meteorologischen Büros ein. Die Aufzeichnungen bilden eine riesige Datenbank, zu der alle Meteorologen Zugang haben. Möglich wird dies durch das globale Fernmeldesystem GTS der Wetterwacht. Die Daten werden von Spezialcomputern verarbeitet. Meteorologen erstellen danach Wetterkarten und vergleichen sie mit früheren, bevor sie eine Vorhersage wagen. Die Karte für das Fernsehen hat nur einfache Zeichen wie Regenwolken oder eine Sonne, amtliche Wetterkarten dagegen kennen fast hundert Symbole. Vorhersagen für ein, zwei Tage treffen zu 85 % ein, längerfristige Vorhersagen sind jedoch auch heute noch relativ unsicher.

Kartenausschnitt
Wetterkarten enthalten viele Informationen, etwa über Luftdruck, Windgeschwindigkeit, Windrichtung, Bedeckung, Temperatur und Feuchtigkeit. Besonders auffällig sind die Isobaren, die Linien gleichen Luftdrucks. Wenn sie dicht beieinander stehen, wie auf dieser Karte, deutet das auf große Luftdruckunterschiede hin. Auf der Karte ist ein ausgeprägtes Tiefdruckgebiet verzeichnet. Solche Störungen bringen im Allgemeinen Wind und Niederschläge.

Am Zeichenbrett
Meteorologen verbringen viel Zeit mit dem Zeichnen von Wetterkarten. Solche Karten fassen die unterschiedlichsten Informationen zusammen.

Wettersymbole

Windsymbole	Bedeckung	Frontensymbole	Niederschläge	
leicht	klar	Kaltfront	Schnee	Regen
frisch	teils bedeckt	Warmfront	Nebel	Graupel
steif	bedeckt	Okklusion		

36

SUPERCOMPUTER

Supercomputer können Milliarden von Berechnungen in der Sekunde durchführen. Die Meteorologen brauchen solche Zahlenfresser für ihre Vorhersagen. Die Computer ahmen die Wetterbedingungen mit Hilfe allgemeiner Zirkulationsmodelle nach. Damit will man das Wetter für sechs Tage vorhersagen. Für größere Zeiträume gibt es keine zuverlässigen Vorhersagen. Es stimmt übrigens nicht, dass sich das Wetter alle hundert Jahre wiederholt.

SCHON GEWUSST?

Der Niederländer Buys-Ballot zeichnete als Erster Schattierungen auf die Wetterkarte, um Bereiche unterschiedlichen Luftdrucks anzugeben. Er fand auch ein Gesetz: Steht man mit dem Rücken zum Wind, so hat man den tiefsten Druck vorne links, den höchsten hinten rechts.

Strömungen

Auf der Erde wehen immerfort Winde. Sie bringen Niederschläge und beeinflussen die Temperaturen. Die Lufthülle der Erde teilt sich in mehrere Zellen, in denen eine geschlossene Zirkulation vorkommt. Zwischen diesen Zellen bewegen sich Strahl- oder Jetströme mit sehr hohen Geschwindigkeiten. In verschiedenen Zonen auf dem Erdball herrschen bestimmte Windrichtungen vor. So wehen die Winde in mittleren Breiten auf der Nord- und Südhalbkugel von Westen, in den Tropen von Osten. Die Seeleute gaben diesen Winden früher Namen. In den Rossbreiten herrscht häufig Windstille, sodass Segelschiffe oft lange Zeit festlagen. Dann verhungerten die Pferde an Bord, weil ihr Futter ausging. Daher der Name. Die Passatwinde wehen das ganze Jahr über von Nordosten und trieben die Segelschiffe zügig von Europa nach Amerika. Zwischen den Passatzonen am Äquator liegen die Kalmen oder Doldrums, ebenfalls gefürchtete windstille Gebiete. Die Meeresströmungen verlaufen wie die Winde und beeinflussen das Klima.

Immer in Bewegung
Diese Wirbel im Meer vor der norwegischen Küste entstehen durch Meeresströmungen.

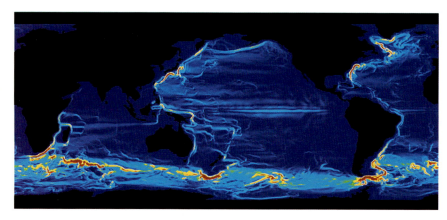

Computerbilder
Anhand von vielen tausend Daten über Winde und Temperaturen zeichnete der Computer eine Karte der Meeresströmungen. Besonders deutlich wird hier der antarktische Tiefenstrom. Die roten Gebiete bezeichnen schnell fließendes Wasser, langsame Strömungen sind blau.

MEERESSTRÖMUNGEN

Die Meeresströmungen verlaufen in Richtung der vorherrschenden Winde. In jedem Ozean gibt es einen Wasserkreislauf, sozusagen einen riesenhaften Wirbel. In Äquatornähe fließen die Meeresströmungen meist nach Westen, in polnahen Gebieten hingegen nach Osten. Auf dieser Karte ist der Golfstrom deutlich zu erkennen. Er verläuft längs der Ostküste der USA und überquert dann den Atlantik in Richtung Nordeuropa. Der Golfstrom ist für das relativ milde Klima in Nordeuropa verantwortlich. Ohne ihn wäre es hier deutlich kälter.

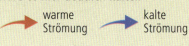

warme Strömung kalte Strömung

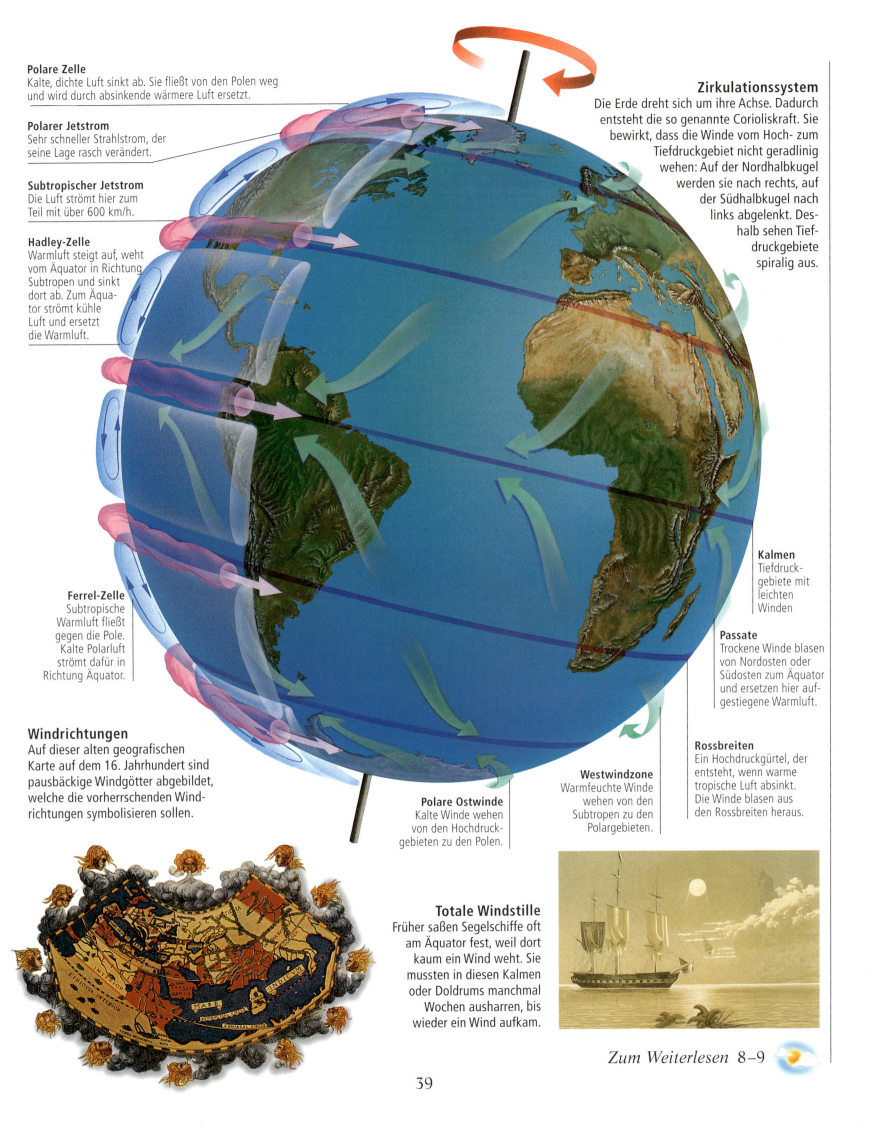

Klimagebiete

Die Erdkugel wird am Äquator sehr viel stärker von der Sonne bestrahlt als an den Polen. Je weiter man sich vom Äquator entfernt, umso geringer wird die Sonneneinstrahlung. Die Erdoberfläche wird also nicht gleichmäßig aufgeheizt. Durch dieses Temperaturgefälle entstehen die verschiedenen Winde. Am Äquator steigt warme, feuchtigkeitsgesättigte Luft nach oben. Wenn sich diese Luft abkühlt, kondensiert die Feuchtigkeit und fällt als Regen. Die Warmluft bewegt sich vom Äquator weg und sinkt dann ab. Weil sie aber ihre Feuchtigkeit schon losgeworden ist, entstehen in den entsprechenden Breiten der Subtropen Wüsten wie die Sahara. Kühlere Luft wird zum Äquator zurücktransportiert und ersetzt die aufsteigende Warmluft. So entsteht eine geschlossene Zirkulationszelle. Die Luftzirkulation hat auf der ganzen Welt entscheidenden Einfluss auf das Klima. Dabei spielen auch die Verteilung von Festland und Meer sowie größerer Gebirgszüge eine wichtige Rolle. Küstengebiete haben ein milderes Klima als das Festland. Meeresströmungen gleichen auch Temperaturschwankungen aus: Nordwesteuropa hat wegen des warmen Golfstromes ein verhältnismäßig mildes Klima.

Das Klima auf der Erde
Als Klima bezeichnet man den durchschnittlichen Verlauf des Wetters in einem Zeitraum von mindestens 30 Jahren. Die Karte zeigt die Verteilung der wichtigsten Klimagebiete.

DIE JAHRESZEITEN

In vielen Teilen der Erde unterscheidet man vier Jahreszeiten, nämlich Frühling, Sommer, Herbst und Winter. In anderen Gegenden gibt es dagegen nur eine Regenzeit und eine Trockenzeit. Da die Erdachse gegenüber ihrer Umlaufbahn um 23° geneigt ist, ist die Nordhalbkugel der Erde sechs Monate lang zur Sonne hin gerichtet. In dieser Zeit herrscht Sommer mit langen, warmen Tagen. Auf der Südhalbkugel herrscht dann Winter mit kurzen, kühlen Tagen. In den nächsten sechs Monaten ist die Nordhalbkugel von der Sonne abgewendet. Bei uns herrscht nun Winter, auf der Südhalbkugel ist Sommer.

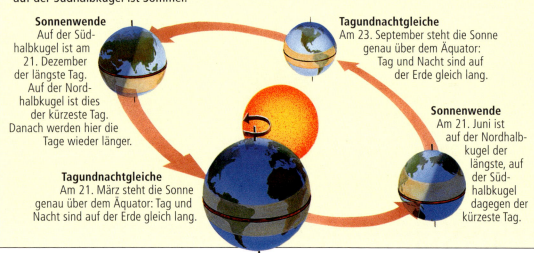

Sonnenwende
Auf der Südhalbkugel ist am 21. Dezember der längste Tag. Auf der Nordhalbkugel ist dies der kürzeste Tag. Danach werden hier die Tage wieder länger.

Tagundnachtgleiche
Am 23. September steht die Sonne genau über dem Äquator: Tag und Nacht sind auf der Erde gleich lang.

Sonnenwende
Am 21. Juni ist auf der Nordhalbkugel der längste, auf der Südhalbkugel dagegen der kürzeste Tag.

Tagundnachtgleiche
Am 21. März steht die Sonne genau über dem Äquator: Tag und Nacht sind auf der Erde gleich lang.

	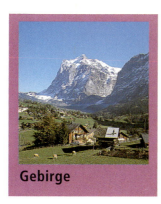	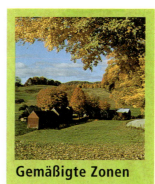	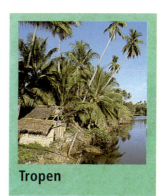	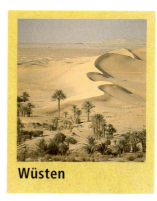
Polargebiete	**Gebirge**	**Gemäßigte Zonen**	**Tropen**	**Wüsten**
Die kältesten Regionen der Erde liegen hier. Im Winter fallen die Temperaturen bis unter -50 °C.	In hohen Lagen ist das Klima sehr kalt bei gleichzeitig starker Sonneneinstrahlung.	Mitteleuropa hat gemäßigtes Klima. Die Sommer sind nicht zu warm, die Winter nicht zu kalt.	In den Tropen liegt die Durchschnittstemperatur bei 27 °C. Gleichzeitig fällt sehr viel Regen.	Das Klima ist hier extrem. Am Tag herrschen über 40 °C, nachts sinkt die Temperatur oft auf 0 °C.

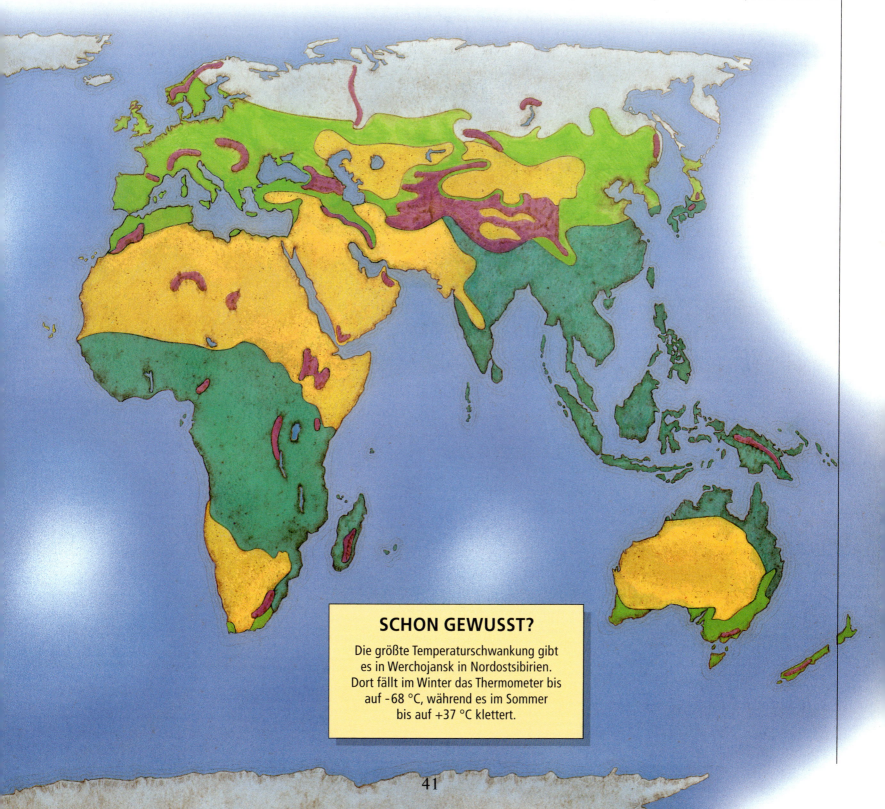

SCHON GEWUSST?

Die größte Temperaturschwankung gibt es in Werchojansk in Nordostsibirien. Dort fällt im Winter das Thermometer bis auf -68 °C, während es im Sommer bis auf +37 °C klettert.

Polargebiete

In den Gebieten an Nord- und Südpol herrschen sehr niedrige Temperaturen und sie sind das ganze Jahr über von Eis und Schnee bedeckt. Die Sommer sind kurz und kalt. Die Sonne strahlt hier viel weniger Energie ein und das Eis reflektiert einen sehr großen Teil wieder in die Atmosphäre. Sechs Monate lang herrscht in der Arktis Winter, wenn der Nordpol von der Sonne weggekippt ist. Zur gleichen Zeit ist auf Antarktika, dem Kontinent am Südpol, Sommer. An der Küste steigen die Temperaturen dann bis in die Nähe des Gefrierpunktes oder knapp darüber. Das Packeis driftet nordwärts und schmilzt in den wärmeren Gewässern. Der Winter auf Antarktika ist unbeschreiblich kalt. Dann gefriert das Meer zu und ein hunderte km breiter Eisgürtel legt sich um den Kontinent. Das Eisland verdoppelt seine Größe. Heftige Winde und Schneestürme lassen ungeschützte Haut in Sekunden gefrieren.

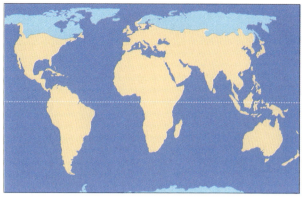

Arktis und Antarktis
Die Arktis ist ein von einer Eisschicht bedecktes Meeresgebiet um den Nordpol. Antarktika hingegen ist der Kontinent, auf dem der Südpol liegt.

Tiefgefroren
Antarktika ist von Eis und Schnee bedeckt. Das Klima ist rau und feindlich. Selbst im Sommer steigen die Temperaturen kaum über den Gefrierpunkt. Trotzdem leben hier wie auch in der Arktis viele Tiere.

Gut getarnt
Der Eisfuchs wechselt seine Fellfarbe im Lauf des Jahres. Im Herbst verfärbt er sich von Bräunlich zu Reinweiß und ist dann vor dem Hintergrund des Schnees kaum mehr zu erkennen.

Bewohner der Arktis
Die Eskimo oder Inuit haben sich gut an das extreme Klima der Arktis angepasst.

WHITE-OUT

Blizzards sind heftige Winterstürme. Sie treten vor allem in den Polargebieten auf, wo sie oft über eine Woche dauern. An mehr als 150 Tagen des Jahres fällt Schnee in der Arktis und wird zu hohen Verwehungen aufgetürmt. Bei bedecktem Himmel über verschneiten Gebieten kann ein merkwürdiges Licht entstehen, das White-Out. Es wird zwischen den Schneeschichten und der Wolkenunterseite mehrfach hin- und hergeworfen. Unebenheiten des Bodens und der Horizont sind nicht mehr zu sehen. Im White-Out verliert man völlig die Orientierung.

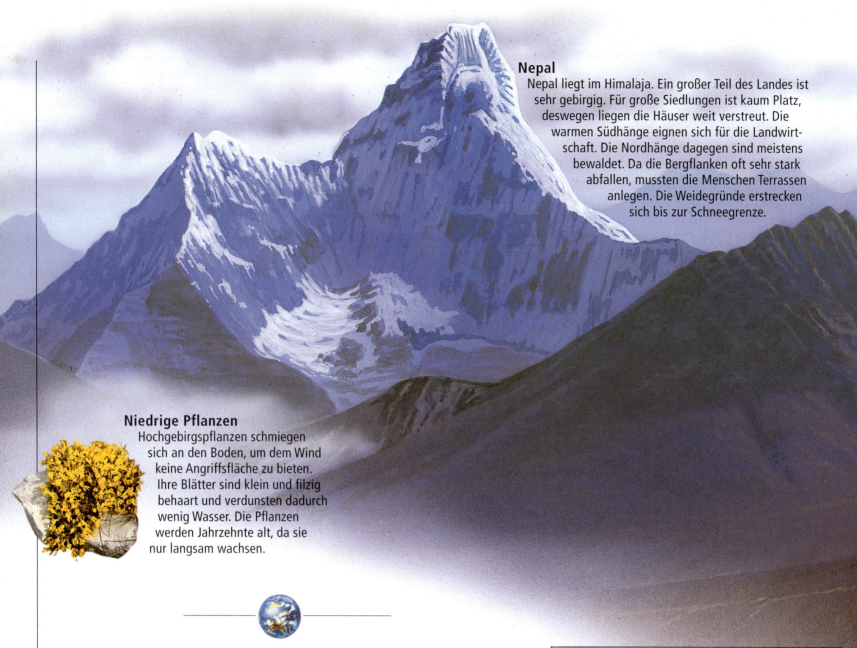

Nepal
Nepal liegt im Himalaja. Ein großer Teil des Landes ist sehr gebirgig. Für große Siedlungen ist kaum Platz, deswegen liegen die Häuser weit verstreut. Die warmen Südhänge eignen sich für die Landwirtschaft. Die Nordhänge dagegen sind meistens bewaldet. Da die Bergflanken oft sehr stark abfallen, mussten die Menschen Terrassen anlegen. Die Weidegründe erstrecken sich bis zur Schneegrenze.

Niedrige Pflanzen
Hochgebirgspflanzen schmiegen sich an den Boden, um dem Wind keine Angriffsfläche zu bieten. Ihre Blätter sind klein und filzig behaart und verdunsten dadurch wenig Wasser. Die Pflanzen werden Jahrzehnte alt, da sie nur langsam wachsen.

Gebirge

Jeder Gebirgszug hat sein eigenes Wetter und Klima. Selbst innerhalb eines Gebirgsstockes gibt es große Unterschiede. Die dem Wind ausgesetzte Seite bekommt mehr Niederschläge als die windabgekehrte. Je höher man im Gebirge aufsteigt, desto tiefer sinkt die Lufttemperatur. Eine Faustregel besagt, dass die Temperatur je 100 m Höhendifferenz um 1 °C abnimmt. Die Luft wird dünner, der Himmel blauer, die Sonneneinstrahlung kräftiger. Auf den höchsten Gipfeln liegen das ganze Jahr über Schnee und Eis. Kein Lebewesen kann es in über 7000 m Höhe längere Zeit aushalten. Die heftigen Winde und die tiefen Temperaturen lassen jede lebende Zelle gefrieren. Das Wetter in den Bergen ändert sich schnell. Selbst bei herrlichem Sommerwetter können plötzlich Gewitter aufziehen. Zwischen Tag und Nacht gibt es sehr große Temperaturunterschiede. Nachts fallen die Temperaturen auch im Sommer oft bis auf den Gefrierpunkt.

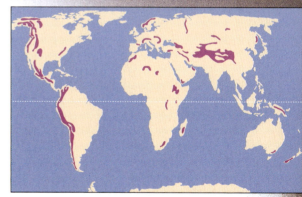

Gebirge der Welt
Auf der Karte sind die Hochgebirge der Welt eingezeichnet.

Sicherer Tritt
Die Schneeziege lebt in den Rocky Mountains in Nordamerika und gehört zu den besten Kletterern im Tierreich.

Hoch hinauf
An Berghängen steigen oft kräftige Aufwinde nach oben. Große Greifvögel wie Adler und Geier lassen sich auf ihnen mit ausgebreiteten Flügeln in die Höhe tragen.

SPASS IM SCHNEE

In den letzten 50 Jahren ist das Skilaufen in den Hochgebirgen ein beliebter Sport geworden. Bergbahnen und Skilifte befördern die Sportler in Massen auf die höchsten Gipfel. Vor allem die Alpen leiden unter dem Massenandrang der Skiläufer. Der zusammengepresste Schnee wird zu Eis und taut erst spät ab. Die Pflanzen verkümmern, Geröll tritt zu Tage.

Durch die Jahreszeiten
In den gemäßigten Breiten treten deutliche Jahreszeiten auf. Im Frühjahr entwickeln die Pflanzen ihre Blätter und die Tiere zeugen ihren Nachwuchs. Das Wachstum hat seinen Höhepunkt im Sommer. Im Herbst werfen die Laubbäume ihre Blätter ab. Die meisten Vögel ziehen weg, während sich einige Säuger auf den Winterschlaf vorbereiten. Im Winter liegt oft wochenlang Schnee und die Natur scheint nun völlig zu ruhen.

Gemäßigte Zonen

In den gemäßigten Zonen der Erde herrscht ein mildes, feuchtes Klima. Hier weht kühle, feuchte Luft von den Polargebieten zum Äquator hin. Das Wetter ist sehr wechselhaft. Wegen der großen Unterschiede in der Tageslänge gibt es mehrere Jahreszeiten. Man kann die gemäßigten Gebiete noch weiter unterteilen: Zwischen dem 35. und 45. Breitengrad liegt ein warm gemäßigtes Gebiet, zwischen dem 45. und 60. Breitengrad ein kühl gemäßigtes. Sehr kalte Gebiete mit kontinentalem Klima gibt es ausschließlich im Innern der Kontinente. In den gemäßigten Gebieten der Erde herrscht kein Wassermangel. Deshalb konnten sich hier die meisten Industriestaaten entwickeln. Mit zunehmender Entfernung von der Meeresküste wird das Klima immer kontinentaler: Die Temperaturgegensätze zwischen Tag und Nacht und zwischen Sommer und Winter verschärfen sich. Ein Beispiel dafür sind die Präriegebiete Nordamerikas und Sibirien mit ihrem sehr rauen Klima.

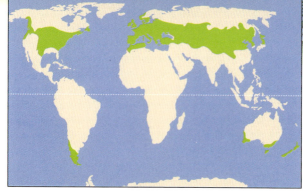

Rund um die Erde
Die gemäßigten Gebiete liegen beiderseits des Äquators zwischen dem 35. und 60. Breitengrad.

Farbwechsel
Die Laubbäume in den gemäßigten Gebieten verlieren ihre Blätter im Herbst. Kurz bevor sie abfallen, verfärben sie sich rot und gelb.

Emsige Bienen
Honigbienen brauchen viel Wärme, um ihre Körpertemperatur möglichst konstant zu halten. Im Bienenstock selbst ist es mehrere Grad wärmer als außerhalb.

WARM UND KÜHL

Zwischen warm und kühl gemäßigtem Klima zeigen sich deutliche Unterschiede. In warm gemäßigten Gebieten fällt der meiste Regen im Winter, dagegen sind die Sommer trocken und oft heiß. Weil nicht genug Wasser vorhanden ist, gedeihen die Pflanzen nur spärlich und strauchartig. In kühl gemäßigten Gebieten gibt es kalte Winter mit viel Schnee und warmfeuchte Sommer. Hier wachsen große Laubwälder.

Winter in warm gemäßigtem Klima

Winter in kühl gemäßigtem Klima

SCHON GEWUSST?

Das Klima der Erde verändert sich ständig. Zwischen dem 15. und dem 19. Jahrhundert war die Themse in London fast jedes Jahr zugefroren. Seit 160 Jahren ist dies aber nicht mehr vorgekommen.

Zum Weiterlesen 12–13

In den Tropen

Die wärmsten Gebiete auf der Erde sind die Tropen. Dort steht die Sonne das ganze Jahr über fast senkrecht und strahlt viel Wärme ab. Dennoch gibt es in den Tropen erhebliche klimatische Unterschiede. In den Gebieten nahe dem Äquator liegen die immerfeuchten Tropen, in denen es beinahe täglich regnet. Hier wuchern üppige Regenwälder. Die mit Feuchtigkeit gesättigte Luft steigt tagsüber in die Atmosphäre auf und kühlt sich ab, dadurch kondensiert das Wasser. Am Nachmittag kommt es deswegen zu heftigen Regenfällen. In den äußeren, wechselfeuchten Tropen gibt es eine Regenzeit und eine Trockenzeit. In der Regenzeit treten bei stets hoher Lufttemperatur heftige Stürme auf. In Indien sind das die Monsunregen. Während der Trockenzeit sind die Tage sonnig und klar und die Temperatur steigt oft noch höher an als in der Regenzeit. Die Subtropen grenzen an die Tropen und sind meistens trocken.

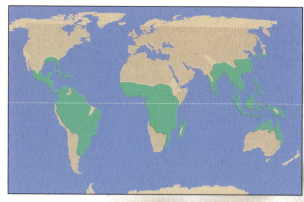

Die Ausdehnung der Tropen
Die Tropen liegen in einem Bereich von ungefähr 30° nördlich und südlich des Äquators. Die Subtropen schließen sich an dieses Gebiet an.

Regenzeit
Wenn sich über dem Festland ein Tiefdruckgebiet bildet, fließt kühle, feuchte Meeresluft nach. Über dem Festland steigt die Luft auf und bildet Regenwolken. Schließlich fällt heftiger Regen. In Asien bezeichnet man ihn als Monsun. Er bringt dort 85% des jährlichen Niederschlags.

Tropische Vielfalt
In den tropischen Regenwäldern vor allem Südamerikas, aber auch Afrikas und Asiens, herrscht eine üppige Vegetation. Hier leben die meisten Tier- und Pflanzenarten der Erde. Leider sind die Regenwälder heute durch Kahlschlag stark bedroht.

Trockenzeit
Ein Hochdruckgebiet über dem Festland verursacht eine Änderung der Windrichtung. Die Wolken regnen über dem Meer ab und das Land bleibt trocken.

DIE SUBTROPEN

Die Subtropen schließen sich nördlich und südlich an die Tropen an. Hier regnet es weniger als in den Tropen. Die Lufttemperatur kann jedoch noch höher liegen als dort. Während der Trockenzeit wehen heiße Winde von den Wüsten her. Dann trocknet der Boden aus und die Pflanzen verdorren. Wenn die Sonne im Laufe des Jahres höher am Horizont steht, werden aus trockenen Winden nun feuchtigkeitsgeschwängerte: Die Regenzeit beginnt. Sie kann mehrere Monate dauern. Simbabwe (unten) zum Beispiel liegt in den Subtropen.

Die Wüste

Wüsten bedecken ein Siebtel des Festlandes auf der Erde. Auf diese trockenen Gebiete fallen weniger als 100 mm Regen pro Jahr. In einigen Wüsten kann der Regen sogar jahrelang ausbleiben. Dann bricht plötzlich ein Gewittersturm los, dem stundenlange heftige Regengüsse folgen. Weil die Luft sehr trocken ist, treten selten Wolken auf und der Himmel ist fast das ganze Jahr über klar. In den meisten Wüsten ist es daher tagsüber heiß. Die Sonne heizt die bodennahen Luftschichten bis auf über 40 °C auf. Da eine Wolkenschicht fehlt, strahlt der Boden nachts einen großen Teil der Wärme in die Atmosphäre ab. Die Temperatur sinkt dann oft bis nahe an den Gefrierpunkt. Es gibt aber auch Kaltwüsten wie die Wüste Gobi in Zentralasien, deren Temperatur im Jahresmittel kaum über dem Gefrierpunkt liegt. Auch diese Wüsten sind durch Trockenheit und heftige Winde geprägt.

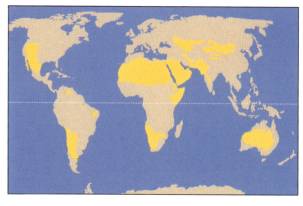

Wüstengebiete
Die Wüsten liegen vor allem in den Subtropen, an den windabgewandten Seiten hoher Gebirgszüge und im Zentrum großer Kontinente.

Dünen
In Sandwüsten entstehen durch den Wind aufgeschüttete Sandablagerungen, die Dünen. Die ständige Bewegung der Sandkörner und das Fehlen von Wasser haben zur Folge, dass hier nur wenige Pflanzen überleben können. Nomadenvölker verwenden Kamele als Tragtiere, weil diese tagelang ohne Wasser auskommen und mit ihren speziellen, dick gepolsterten Fußsohlen gut im weichen sandigen Boden Halt finden.

Die Wüste blüht
Wenn in der Wüste Regen fällt, keimen tausende von Pflanzen aus. Sie wachsen sehr schnell und müssen ihren Lebenszyklus beenden, bevor das Wasser versiegt. Zehn bis vierzehn Tage nach dem Regen ist die Wüste ein Blumenmeer. Nach der Bestäubung werden sehr rasch Samen gebildet. Diese ruhen dann manchmal jahrelang, bis es das nächste Mal regnet.

LEBEN IN DER WÜSTE

Eidechsen und andere Reptilien sind gut an das Leben in der Wüste angepasst. Ihre schuppige Haut lässt nur wenig Wasser verdunsten. Sie geben keinen flüssigen Urin, sondern beinahe festen, weißen Kot ab. Meistens können sie ihre Farbe wechseln und sind dadurch gut getarnt. Der Wüstenfuchs hat große Ohren, mit denen er überschüssige Wärme abstrahlt. Er hört auch außergewöhnlich gut und kann deshalb nachts auf Jagd gehen, wenn es nicht mehr so heiß ist. Nach Regenfällen sammeln Honigtopfameisen so viel Nektar wie möglich. Sie übergeben ihn bestimmten Arbeiterinnen, die ihn in ihrem Hinterleib speichern. Dieser schwillt dadurch bis zur Größe einer Traube an. Während der Trockenheit ernährt sich das ganze Nest von diesen lebenden Honigtöpfen.

Wüstenfuchs

Lebende Honigtöpfe

Jahresringe
Jeden Sommer legen Bäume einen Jahresring zu. In feuchtwarmen Jahren ist der Ring weit, in kalten Jahren eng. An den Jahresringen kann man das Klima früherer Zeiten ablesen.

470 000 v. Chr.
Günz-Eiszeit

Die letzte Eiszeit
In den letzten 2 Millionen Jahren gab es vier Eiszeiten. Die mittlere Temperatur der Erde lag dabei 6 bis 8 ° unter dem heutigen Mittel.

Mammuts
Bis zum Ende der Würmzeit lebten in den Tundren und Kältesteppen Europas und Asiens Mammuts. Diese Verwandten unserer heutigen Elefanten verschwanden, als das Klima immer wärmer wurde. Im sibirischen Dauerfrostboden wurden vollständig erhaltene Mammuts gefunden.

300 000 v. Chr.
Mindel-Eiszeit

Unter Eis
Vor rund 2,5 Millionen Jahren wurde das Klima auf der Erde kühler und die Gletscher der Arktis dehnten sich bis weit in den Süden aus.

Eiszeiten

Vom Eis geformt
Gletscher sind Eismassen, die langsam ein Tal hinabfließen. Sie hobeln dabei alle Unebenheiten ab, bis ein U-förmiges Trogtal entsteht.

140 000 v. Chr
Riss-Eiszeit

Das Erdklima änderte sich in den letzten zwei Millionen Jahren viele Male. Insgesamt sprechen wir vom Eiszeitalter. Es war aber nicht eine durchweg kalte Zeit. Vielmehr wechselten mehrere Eiszeiten mit wärmeren Zwischeneiszeiten und Warmzeiten ab. In Mitteleuropa gab es vier solcher Eiszeiten, die wir nach den süddeutschen Flüssen Günz, Mindel, Riss und Würm benennen. In diesen Eiszeiten dehnten sich die Gletscher weit aus und bedeckten große Teile des Festlandes. Norddeutschland lag zum Beispiel unter skandinavischen Gletschern begraben. Fließende Gletscher formten die Landschaft und hinterließen beim Rückzug Moränen und Seen. Während der Eiszeit lebten in Europa und Asien Höhlenbären, Mammuts, Wollnashörner, Wildpferde und Rentiere. Über den zeitlichen Verlauf der Eiszeiten wissen wir durch Jahresringe von Bäumen, Sedimente und Eiskerne aus Grönland gut Bescheid.

70 000 v. Chr.
Würm-Eiszeit

10 000 v. Chr.
Ende der Würm-Eiszeit

1450–1850
Kleine Eiszeit

Zeugen
Fossilien verraten dem Geologen, welche Tiere und Pflanzen zu jener Zeit lebten, als die Gesteine entstanden.

DIE KLEINE EISZEIT

Zwischen 1450 und 1850 herrschte in Nordeuropa eine „kleine Eiszeit". Sie war aber längst nicht so streng wie eine richtige Kaltzeit. Das Klima kühlte ab und in mehreren Jahren schneite es auch im Sommer, sodass die Ernte ausfiel und eine Hungersnot sich ausbreitete. Viele Flüsse froren fast jedes Jahr zu und auf den Eisflächen wurden „Frostmärkte" mit Spielen und anderen Belustigungen abgehalten. Bisweilen kam es zu unvermitteltem Wärmeeinbruch. Dann mussten die Menschen das Eis sehr schnell verlassen, weil es zu reißen begann.

Zum Weiterlesen 42 – 43

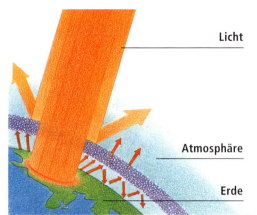

Unter der Gasglocke
Die Erdatmosphäre gleicht einem Treibhaus. Das Sonnenlicht gelangt auf die Erdoberfläche und wärmt sie auf. Ein Teil dieser Wärme wird wieder in langwelliger Form abgestrahlt. Die Treibhausgase, vor allem das Kohlendioxid, absorbieren diese Strahlung und werfen sie zur Erde zurück. Ohne diesen Treibhauseffekt wäre die Erde zu kalt für Lebewesen. Heute jedoch verstärkt er sich zunehmend, weil immer mehr Gase in die Atmosphäre gelangen. Man befürchtet, dass dadurch an den Polen viel Eis schmelzen und der Meeresspiegel steigen wird.

Treibhauseffekt

Die Erde wird immer wärmer. Die wärmsten Jahre des 20. Jahrhunderts lagen alle im letzten Jahrzehnt und dieser Trend hat sich im neuen Jahrtausend fortgesetzt. Bisher sind sich die Wissenschaftler noch nicht sicher, ob dies auf dem Treibhauseffekt beruht oder andere Gründe hat. Eines der wichtigsten Treibhausgase ist das Kohlendioxid. Es hält die Sonnenwärme in der Atmosphäre fest. Mehr als 5 Billionen t dieses Gases nehmen die grünen Pflanzen jährlich auf und verwandeln es bei der Fotosynthese in Zucker. Dabei entsteht Sauerstoff, den Tiere und Menschen zum Leben brauchen. Trotzdem steigt der Kohlendioxidgehalt der Luft, weil immer mehr fossile Brennstoffe und Wälder verbrannt werden. Hinzu kommt die wachsende Zahl an Rindern, die gewaltige Mengen Methan erzeugen. Die meisten Klimaforscher sind deshalb überzeugt, dass sich die Erde immer weiter erwärmen wird.

Warmer Globus
Noch immer liefern fossile Brennstoffe wie Erdöl und Kohle die Energie für Autos, Industrie und Heizung. Bei der Verbrennung wird viel Kohlendioxid freigesetzt. Seit kurzem weiß man, dass auch Kühe zum Treibhauseffekt beitragen: Sie erzeugen bei der Verdauung von Gras Methan.

Wirkungsvolles Methan
Das Methan ist als Treibhausgas 20-mal so wirkungsvoll wie das Kohlendioxid. Ein Teil des Methans stammt von Bakterien, die in den Böden überfluteter Reisfelder leben.

EIN LOCH IM HIMMEL

Die Ozonschicht in der oberen Atmosphäre schützt die Erde vor den ultravioletten Strahlen der Sonne. Die Forscher haben aber herausgefunden, dass Fluorchlorkohlenwasserstoffe (FCKW), die als Treibgas in Sprühdosen und als Kühlmittel in Kühlschränken verwendet wurden, die Ozonschicht angreifen. Die blaue Farbe im Zentrum dieses Bildes zeigt das Ozonloch über der Antarktis. Durch dieses Loch kann mehr ultraviolette Strahlung nach Australien und Neuseeland gelangen. 1987 haben viele Länder einen Vertrag über die Einschränkung der FCKW-Produktion unterzeichnet. Leider halten sich diese Stoffe aber noch jahrzehntelang in der oberen Atmosphäre.

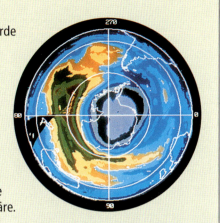

Kahlschlag
Bäume nehmen Kohlendioxid auf und geben Sauerstoff ab. Bedauerlicherweise werden auf der ganzen Welt mehr und mehr Wälder gerodet. Diese Entwaldung trägt indirekt zum Treibhauseffekt bei.

Neues Leben
Durch Aufforstung versucht man, dem Treibhauseffekt und der globalen Erwärmung entgegenzuwirken.

Zum Weiterlesen 34–35

Wetterrekorde

Schneemassen
Zwischen dem 14. und dem 15. April 1921 schneite es am Silver Lake in Colorado, USA, mindestens 193 cm. Es war der größte Schneefall innerhalb von 24 h.

Ein Geschoss vom Himmel
Das größte Hagelkorn fiel am 3. September 1970 bei Coffeyville, Kansas, USA. Es wog 750 g und hatte einen Durchmesser von 44 cm.

Rekordwind
Der heftigste Wind, der je aufgezeichnet wurde, wehte am 12. April 1934 am Mount Washington in New Hampshire, USA. Er hatte eine Geschwindigkeit von 371 km/h.

Tornado-Marathon
Am 26. Mai 1917 suchte ein Tornado die amerikanischen Staaten Illinois und Indiana heim und legte dabei die Rekordstrecke von 471 km zurück.

Affenhitze
Die höchste Temperatur wurde am 13. September 1922 bei Al Aziziyah in Libyen gemessen. Das Thermometer zeigte 58 °C.

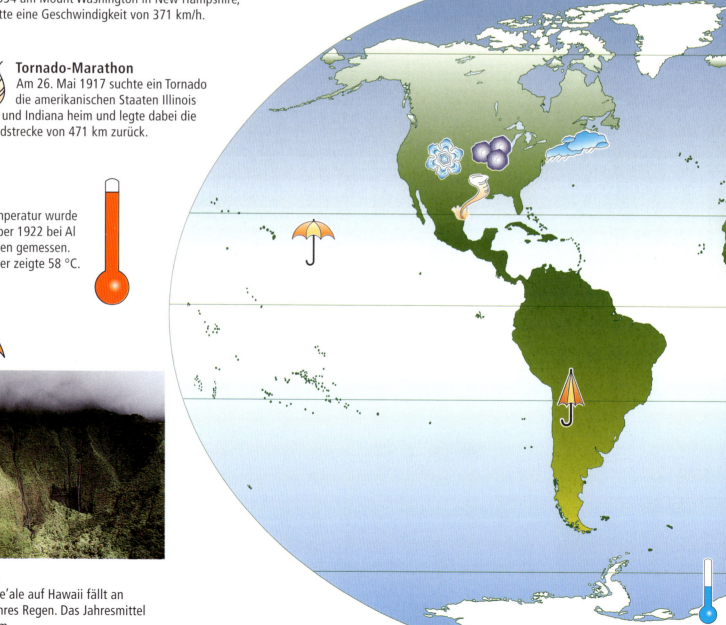

Ein Regenloch
Am Mount Wai'ale'ale auf Hawaii fällt an 350 Tagen des Jahres Regen. Das Jahresmittel beträgt 12 346 mm.

Knochentrocken
Der trockenste Ort der Welt mit einem durchschnittlichen jährlichen Niederschlag von weniger als 0,1 mm ist die Atacama-Wüste in Chile.

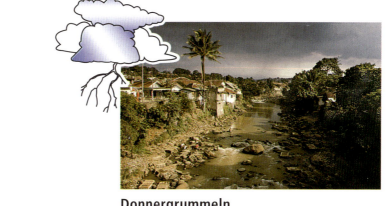

Donnergrummeln
In Bogor auf der Insel Java in Indonesien kann man an 322 Tagen des Jahres den Donner von Gewittern hören.

Hochdruck
Der höchste Luftdruck wurde am 31. Dezember 1968 mit 1083,8 Hektopascal (hPa) in Sibirien gemessen.

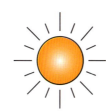

Sonne ohne Ende
Am Ostrand der Sahara in Nordafrika steht die Sonne während 97 % der Tageszeit am Himmel.

Tiefdruck
Der tiefste Luftdruck wurde im Jahr 1958 mit 877 hPa nördlich der Insel Guam im Pazifik gemessen.

Lang und dünn
Am 16. Mai 1898 konnten Seeleute vor der Küste von Neusüdwales in Australien eine 1528 m hohe und 3 m breite Wasserhose beobachten.

Eiskalt
Der kälteste Fleck auf der Erde ist die russische Basis Wostok in Antarktika. Im Jahresmittel beträgt die Temperatur dort -58,2 °C. Am 21. Juli 1983 hat man in Wostok mit -89,2 °C die bisher tiefste Temperatur gemessen.

Fachbegriffe

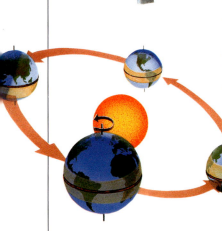
Radiosonde

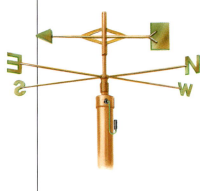
Jahreszeiten

Wetterfahne

Absorbieren Man spricht von absorbieren oder Absorption, wenn ein Stoff einen anderen Stoff oder Strahlung in sich aufnimmt. Dunkle Körper absorbieren zum Beispiel mehr Licht und Wärme als helle.

Anemometer Gerät zum Feststellen der Windrichtung und der Windgeschwindigkeit.

Antizyklon Hochdruckgebiet, in dem meist schönes Wetter herrscht.

Äquator Der Äquator teilt die Erdkugel in eine nördliche und eine südliche Halbkugel. Zu beiden Seiten des Äquators liegen die Tropen.

Atmosphäre Die Lufthülle der Erde. Im Vergleich zum Durchmesser der Erde ist die Atmosphäre mit etwa 700 km nur hauchdünn.

Barometer Gerät zum Messen des Luftdrucks.

Blitz Elektrische Entladung zwischen zwei Wolken oder einer Wolke und der Erde.

Blizzard In Nordamerika auftretender heftiger Schneesturm.

Brechung Wenn Lichtstrahlen von einem Stoff in einen anderen übertreten, werden sie gebrochen und verändern dabei ihre Richtung.

Corioliskraft Eine Kraft, die jedes bewegte Luftteilchen auf der Nordhalbkugel nach rechts ablenkt. Sie wird durch die Eigendrehung der Erde bewirkt.

Dampf Gasförmiger Zustand von Flüssigkeiten oder Festkörpern; meist ist Wasserdampf gemeint.

Donner Der Blitz erhitzt die Luft schlagartig bis auf viele tausend Grad. Die Luft dehnt sich dabei wie bei einer Explosion aus. Dies hören wir als Donner.

Eiszeit Kalter Abschnitt der Erdgeschichte, in der die Erde um 6 bis 8 Grad abkühlte, sodass große Gebiete von Eis bedeckt waren.

Föhn Warmer Fallwind in Alpennähe bei Hochdruck auf der Südseite der Alpen.

Fossil Versteinerung von Lebewesen aus vergangenen Erdzeitaltern.

Grashüpfer

Fotosynthese Bei der Fotosynthese stellen die grünen Pflanzen mit Hilfe des Sonnenlichts aus Kohlendioxid und Wasser Zucker und Stärke her.

Front In einer Wetterfront treffen Luftmassen mit unterschiedlicher Temperatur und unterschiedlichem Druck aufeinander. Fronten führen stets zu einer Wetterveränderung. Auf Kaltfronten folgt ein Temperatursturz mit reichlich Niederschlägen.

Gewitter Elektrische Entladung in der Atmosphäre mit Blitz und Donner und heftigen Niederschlägen.

Graupel Fester, gefrorener Niederschlag.

Hagel Niederschlag in Form von Eiskörnern mit mehr als 5 mm Durchmesser. Hagel fällt meist aus Gewitterwolken.

Halo Optische Erscheinung, die durch Brechung und Spiegelung entsteht. Am häufigsten sind Sonne und Mond von einem ringförmigen Halo umgeben.

Hoch Gebiet mit hohem Luftdruck. Das Wetter ist dabei meist ruhig und schön.

Hurrikan Wirbelsturm im Bereich der Karibik.

Hygrometer Messgerät für die Luftfeuchtigkeit. Mit einem Haarhygrometer misst man die Ausdehnung eines Menschenhaares bei feuchter Luft.

Isobaren Linien gleichen Luftdrucks.

Isothermen Linien gleicher Lufttemperatur.

Klima Durchschnittliche Wetterbedingungen in einem Zeitraum von mehreren Jahren. Das Wetter ändert sich schnell, das Klima nur sehr langsam.

Kondensieren Wenn ein Gas kondensiert, verwandelt es sich in eine Flüssigkeit. Kondensieren ist dem Verdampfen entgegengesetzt. Wenn Luft abkühlt, kondensiert das darin enthaltene Wasser.

Konvektion Eine Form des Wärmetransports von Gasen: Wenn das Gas erwärmt wird, dehnt es sich aus. Damit verringert sich seine Dichte. Es steigt auf und die Wärme wird nach oben transportiert.

Luftdruck Die Lufthülle übt mit ihrem Gewicht einen Druck aus. Wir spüren das Gewicht der Luftsäule nicht. Wenn wir aber im Gebirge hoch aufsteigen, spüren wir den abnehmenden Luftdruck durch Kurzatmigkeit und Schwindel.

Meteor Leuchterscheinung (Sternschnuppen) am nächtlichen Himmel. Sie entsteht beim Eintritt von Staub oder Kleinkörpern aus dem All in die Erdatmosphäre.

Meteorologie Die Wissenschaft vom Wetter.

Nebel Kondensierter Wasserdampf in der Luft. Dichter Nebel erscheint weiß bis grau.

Niederschlag Meteorologen sprechen von Niederschlag, wenn Wasser in flüssiger oder fester Form auf den Boden fällt – als Regen, Tau, Reif, Schnee, Graupel oder Hagel.

Nordlicht Beeindruckende farbige Lichterscheinung im Gebiet nördlich des Polarkreises. Nordlichter sehen oft wie bewegte Vorhänge aus.

Okklusion Vermischung und Verwirbelung einer Kaltfront mit einer Warmfront.

Ozon Eine Form des Sauerstoffs aus drei Atomen. Der normale Sauerstoff enthält nur zwei Atome.

Ozonschicht Die Schicht in 30–50 km Höhe, in der verhältnismäßig viele Ozonmoleküle aus drei Sauerstoffatomen vorkommen. Sie absorbieren die schädlichen ultravioletten Strahlen der Sonne.

Radiosonde Messgerät, das ein Wetterballon in höhere Schichten der Atmosphäre transportiert. Ein Sender funkt die Messergebnisse auf die Erde.

Reflexion Werden Licht-, Wärme- oder Schallwellen von einer Oberfläche zurückgeworfen, spricht man von Reflexion.

Reif Ablagerung aus Eis. Wenn sich die Luft nachts abkühlt, fällt Wasserdampf in Form von Reif aus.

Smog Eine Art Nebel mit hoher Schadstoffkonzentration. Wintersmog entsteht durch Rauch und Staub, Sommersmog durch Autoabgase und intensive Sonneneinstrahlung. Erhöhte Ozonwerte sind gesundheitsschädlich.

Spektrum Alle Farben, die im weißen Sonnenlicht enthalten sind. Man sieht sie im Regenbogen.

Sprühregen Sprüh- oder Nieselregen besteht aus winzigen Wassertröpfchen mit einem Durchmesser von weniger als 0,5 mm.

Taifun Wirbelsturm im westlichen Pazifik, vor allem im Chinesischen Meer. Taifune schwächen sich auf dem Festland rasch ab.

Temperatur Die Temperatur ist ein Maß dafür, wie warm ein Körper ist. Wir messen sie mit dem Thermometer.

Thermostat Gerät, das die Temperatur automatisch anpasst. Heute hat jede Raumheizung einen Thermostaten.

Tief Gebiet mit niedrigem Luftdruck. Tiefdruckgebiete bringen meistens Niederschläge.

Tornado Trichterförmiger Luftwirbel mit einem Durchmesser von weniger als 500 m. Tornados treten vor allem in den USA auf.

Treibhauseffekt Die Atmosphäre funktioniert wie ein Treibhaus, indem sie Sonnenwärme speichert und so die Erde erwärmt. Verschmutzungen in der Luft bewirken, dass mehr Wärme gespeichert und dadurch die Erde stärker aufgeheizt wird.

Verdunstung Bei der Verdunstung geht eine Flüssigkeit in den gasförmigen Zustand über. Nach einem Regen trocknen die Straßen wieder rasch durch Verdunstung.

Wetterballon Wetterballons tragen Instrumente 30–50 km hoch in die Atmosphäre.

Wind Bewegte Luft, die zwischen einem Tief und einem Hoch strömt, um den Druckunterschied auszugleichen.

Windhose Räumlich eng begrenzter und kurzlebiger Wirbelsturm. Windhosen haben einen Durchmesser von 3 bis zu 200 m.

Wirbelsturm In ein Tiefdruckgebiet strömen spiralförmige Winde ein. In den Tropen können daraus Wirbelstürme oder Zyklone entstehen.

Zirkulation Ein Kreislauf aus ringförmigen, geschlossenen Luftströmungen in der Atmosphäre, durch die Klima und Wetter entstehen.

Libelle

Regenbogen

Hygrometer

Wetterstation

Register

A
Absorbieren 58
Accademia del Cimento 30
Advektionsnebel 23
Altocumulus-Wolken 16, 17
Altostratus-Wolken 16, 17
Anemometer 30, 33–35, 58
Aneroidbarometer 33
Antarktika 13, 42, 57
Antizyklon 58
Äquator 8, 40, 48, 58
Aristoteles 30
Arktis (s. Polargebiete)
Atmosphäre 6, 8, 9, 11, 34, 54, 58
Aufforstung 55

B–C
Barometer 30, 32, 33, 58
Beaufort, Sir Francis 11
Bergwind 10
Blitz 18, 19, 28, 58
Blizzard 43, 58
Bodenfrost 22
Bodennebel 23
Brechung 7, 25, 58
Buys-Ballot, C. H. D. 37
Celsius, Anders 13
Computer 36–38
Computerbild 38
Corioliskraft 39, 58

D
Dampf (s. Wasserdampf)
Doldrums 38, 39
Donner 18, 28, 29, 57, 58
Donnervogel 28
Dosenbarometer 33
Dürre 7, 28

E–F
Eis 9, 19–23, 42, 44, 52, 54
Eisblumen 22
Eisfuchs 43
Eiskeller 23
Eiskristalle 14, 19, 20, 22, 24
Eiszeit 52, 53, 58
Eskimo (s. Inuit)
Fahrenheit, Gabriel 13

Farbiger Regen 24
FCKW 55
Ferrel-Zelle 39
Feuchtigkeit 12, 13, 30, 36, 48
Fluorchlorkohlenwasserstoffe 55
Föhn 58
Fossile Brennstoffe 54
Fossilien 52, 58
Fotosynthese 54, 58
Front 14, 36, 58
Frontnebel 23
Frost 22

G
Galilei, Galileo 30
Gase 9, 54
Gebirge 10, 15, 40, 41, 44, 45
Gemäßigte Zone 41, 46, 47
Gewitter 18, 58
Gewitterwolken 18, 19
Glatteis 22
Gletscher 52
Globale Erwärmung 54, 55
Golfstrom 38, 40
Götter 28, 29, 39
Graupel 19, 20, 58

H
Hadley-Zelle 39
Hagel 20, 21, 56, 58
Halo 24, 58
Henry, Joseph 31
Himalaja 9, 44
Hoch 58
Hurrikan 32, 35, 58
Hygrometer 12, 13, 30, 33, 34, 58

I–K
Inuit 43
Isobaren 36, 58
Isothermen 58
Jahresringe 52
Jahreszeiten 40, 46
Jetströme 38, 39
Kahlschlag 55
Kalmen 38, 39
Kaltwüste 13
Kaltzeit (s. Eiszeit)

Klima 8, 9, 38, 40, 41, 43, 44, 46–48, 58
Klimaveränderungen 47, 52–55
Kohlendioxid 54, 55
Kondensation 14, 15, 22, 23, 40, 48, 58
Kondensstreifen 17
Konvektionsströmung 10, 15, 18, 58
Kugelblitz 18
Kühl gemäßigte Gebiete 46, 47
Kumulonimbus-Wolken 16–18, 20
Kumulus-Wolken 15–18

L–M
Landwind 10
Luftdruck 6, 8, 10, 30, 33, 36, 37, 57, 58
Luftfeuchtigkeit 12, 13, 30, 48
Luftströmungen 10, 14, 18
Meere 8–10, 23, 38, 40
Meeresströmungen 9, 38, 40
Mesosphäre 9
Messboje 35
Meteor 59
Meteorologie 28, 30, 34–36, 59
Methan 54
Monsun 9, 48
Mythen 28, 29

N–P
Nebel 22, 23, 36, 59
Nebensonnen 24
Niederschlag 20, 44, 59
Niederschlagsmesser 34
Nimbostratus-Wolken 16, 20
Nordlicht 59
Okklusion 59
Ozonschicht 9, 55, 59
Packeis 42
Passate 38, 39
Polare Winde 39
Polare Zelle 39
Polargebiete 8, 9, 41–43

R
Radiosonde 34, 59
Raureif (s. Reif)

Reflexion 8, 9, 14, 24, 25, 42
Regen 7, 9, 15, 19, 20, 24, 28, 40, 48, 50, 56
Regenbogen 7, 24, 25, 27
Regenmesser 32, 34
Regenschatten 10
Regenwald 8, 12, 48
Regenzeit 40, 48
Reif 22, 59
Rekorde 56, 57
Rossbreiten 38, 39

S
Sanddünen 50
Satelliten (s. Wettersatellit)
Satellitenschüssel 35
Schichtwolken 16
Schnee 6, 8, 9, 20, 21, 36, 42–47, 56
Schneeflocken 21
Schneeregen 20
Schwitzen 12
Seewind 10
Skilaufen 45
Smog 22, 59
Sonne 8, 15, 40, 42, 44, 48, 50
Sonnenenergie 8, 9
Sonnenlicht 24
Sonnenscheinautograf 34
Sonnenwende 40
Spektrum 24, 58
Sprühregen 20, 59
Strahlströme 38, 39
Strahlungsnebel 23
Stratokumulus-Wolken 16
Stratus-Wolken 16, 17, 20
Sturm 6, 18, 21, 50
Sturmglas 33
Subtropische Gebiete 48–50

T–V
Tagundnachtgleiche 40
Taifun 59
Talwind 10
Temperatur 6, 8, 9, 12, 13, 22, 30, 38, 41, 42, 44, 46, 48, 49, 56, 57, 59
Thermometer 30, 33, 34
Thermosphäre 9

Thermostat 9, 59
Tief 59
Tornado 25, 56, 59
Torricelli, Evangelista 30
Treibhauseffekt 54, 55, 59
Trockenzeit 40, 48
Tropen 41, 48
Tropischer Regenwald 8, 12, 48
Troposphäre 9
Überschwemmung 7
Ultraviolettes Licht 9, 55
Verdunstung 9, 12, 14, 59

W–Z
Waldbrand 6
Warm gemäßigte Gebiete 46, 47
Warmzeit 52
Wasserdampf 9, 12–15, 58
Wasserhose 25, 57
Wasserkreislauf 15
Wetterballon 34, 59
Wetterfahne 30
Wetterhütte 33, 34
Wetterkarte 31, 36, 37
Wetterrekorde 56, 57
Wettersatellit 35, 36
Wetterschiff 35, 36
Wetterstation 31, 32, 34–36
Wettersymbole 36
Wettervorhersage 26–37
White-Out 43
Wind 6, 8–11, 38–40, 49, 50, 56
Windhose 59
Windrichtung 39
Windschatten 10
Windstärke 11
Windstille 38, 39
Wirbelsturm 6, 32, 35
Wolken 14–19, 20, 30, 50
Wolkenbank 15
Wüsten 12, 13, 40, 41, 50, 51
Zirkulation 8, 39, 59
Zirrocumulus-Wolken 16
Zirrostratus-Wolken 16, 27
Zirrus-Wolken 16
Zwischeneiszeit 52
Zyklon 59

Bildnachweis
(I=links, M=Mitte, o=oben, r=rechts, u=unten, B=Bildsymbol, H=Hintergrund, R=Rückseite, U=Umschlag, V=Vorderseite)

AIATSIS, 29ul (Museum of Australia). Ancient Art & Architecture Collection, 4ol, 28M. Ann Ronan Picture Library, 25ur. Art Resource, 31ul. Auscape, 51ol (J. M. La Roque), 44ur (M. Newman). Austral International, 9Mr (FPG International). Australian Geographic, 3, 33Ml, 33ol. Australian Picture Library, 9uMr (R. Bisson), 7ol, 13ul, 41ol (J. Carnemolla), 21ur, 45or (ZEFA). Johnny C. Autery, 19M. Bilderberg, 37or (P. Ginter). Bruce Coleman Limited, 52oM (E. Pott), 41oMr (A. Price), 20ul (H. Reinhard), 43ol (J. Shaw), 24ul (U. Walz). Bryan and Cherry Alexander, 42ol, 43M, 43or. Burke Museum, 28ur (E. Calderon). Christine Osborne Pictures, 41or (C. Barton). Densey Clyne, 51M. Earth Images, 22ol (T. Domico), 16M (A. Ruid). Ecoscene, 44Ml (Chelmick). Frank Lane Picture Archive, 21ol (J. C. Allen), 18u (R. Jennings). Michael Freeman, 57or. The Granger Collection, 13ol, 53u. Hegdehog House, 57ur (D. Smith). Horizon Photo Library, 7or (H. Ecker), 47ol, 55or. The Image Bank, 48ol (J. H. Carmichael), 41oM (H. G. Ross/Stockphotos, Inc), 7Ml (S. Wilkinson). International Phtographic Library, 27M (SuperStock), 27ol, 54ul. International Stock, 18or (B. Firth), 22M (M. P. Manheim).

J. Allan Cash Ltd, 23or, 24ol. Richard Keen, 23Mr. Bob Litchfield, 47or. Lochman Transparencies, 17ur (B. Downs). Mary Evans Picture Library, 39ur. Minden Pictures, 55Mr (F. Lanting). National Meteorological Library, 35ol (Crown), 24or (F. Gibson). The Nature Company, 33oM. Paul Nevin, 36Ml. North Wind Picture Archives, 39ul. Oxford Scientific Films, 16uM (D. Allan), 51or (E. Bartov), 45ol (B. Bennett). Pacific Stock, 56ul (M. Van Deven). Peter Arnold Inc, 56ol (C. H. Smith). The Photo Library, Sydney, 6Mr (K. Biggs/TSW), 6ul (F. Grant), 57ol (N. Green), 38M (Los Alamos National Laboratory/SPL), 6/7u (SPL), 9ur (SPL/NASA). Photo Researchers, Inc, 12ur (D. McIntyre). Photri, 35or. Planet Earth Pictures, 17M (J. R. Bracegirdle), 46ur (J. Eastcott/YVA Momatiuk), 52ur (K. Lucas), 10ol, 55ur (J. Lythgoe), 38or (R. Matthews), 42/43M (K. Puttock). Robert Harding Picture Library, 7Mr (M Jenner), 49ol (Raleigh International), 7ur, 47oMr, 52Mr. Scala, 4r, 30l. South American Pictures, 29uM (T. Morrison). Stock Photos, 41oMl (H. P. Merten/TSM), 6or (G. Monro), 15ul (R. Richardson), 14ur (J. Towers/TSM). Werner Forman Archive, 28ul (Private Collection), 30ur (Statens Historiska Museum, Stockholm).

Backhaus, 40/41M. Andrew Beckett/Garden Studio, 5ur, 46/47M, 52/53o, 53r. Rod Ferring, 24/25M, 24Mr, 59oMr. Mike Gorman, 20/21M, 34/35u, 36/37M, 58ol. Lorraine Hannay, 4ul, 32/33u, 32l, 33r, 59ur. Tim Harrison, 56/57M. Richard Hook/Bernard Thornton Artists, UK, 30/31o, 31r. Roger Kent/Garden Studio, 22/23M. Jillian B. Luff, 38u, 42or, 44Mr, 46Mr, 48or, 50or, 52M. Iain McKellar, 2, 12l, 12M, 13r, 13M, 59Mr. Tony Pyrzakowski, 28/29o, 29r. Oliver Rennert, 5o, 8/9M, 8ol. 10M. 10ul. 10or, 14/15M, 15ol, 15or, 39M, 40uM, 58Ml. Trevor Ruth, 44/45M, 50/51M. Michael Saunders, 48/49u. Stephen Seymour/Bernard Thornton Artists, UK, 54/55M, 54ol. Ray Sim, 18M, 18Ml, 18Mr, 18ol, 19Mr. Rod Westblade, 1, 16ol, 48ul, 48Ml, endpapers, icons. Melissa Wilton, 56/57 map key symbols.

Umschlag
Ray Grinaway, RUor, VUol. Iain McKellar, VUor. Photri, RUur. Fred K. Smith, RUM. Bryan and Cherry Alexander RUul. Mike Atkinson/Garden Studio VUMl. Rod Ferring VUoMr. Oliver Rennert VUM, RUl

Grafik
Mike Atkinson/Garden Studio, 5or, 26u, 26l, 27r, 27u, 58ul, 59or. Kenn

Danksagung
Wir danken besonders dem Bureau of Meteorology, Australien.